있는 그대로 태국

나의 첫 다문화 수업 14
있는 그대로 태국

초판 1쇄 발행 2024년 3월 20일
초판 2쇄 발행 2024년 11월 20일

지은이 강태규, 정문훈

기획편집 도은주, 류정화
마케팅 조명구
표지 일러스트 엄지

펴낸이 윤주용
펴낸곳 초록비책공방

출판등록 제2013-000130
주소 서울시 마포구 동교로27길 53 308호
전화 0505-566-5522 팩스 02-6008-1777

메일 greenrainbooks@naver.com
인스타 @greenrainbooks @greenrain_1318
블로그 http://blog.naver.com/greenrainbooks

ISBN 979-11-93296-22-6 (03910)

어려운 것은 쉽게 쉬운 것은 깊게 깊은 것은 유쾌하게

초록비책공방은 여러분의 소중한 의견을 기다리고 있습니다.
원고 투고, 오탈자 제보, 제휴 제안은 greenrainbooks@naver.com으로 보내주세요.

있는 그대로 태국

강태규, 정문훈 지음

초록비책공방

● 태국이라는 나라를 생각해 보면 무엇을 떠올릴 수 있을까? 불교 사원이 많은 나라, 지나가는 사람들의 미소가 아름다운 나라, 배낭여행자들의 성지, 물과 빛의 축제가 있는 나라, 군침 도는 음식이 많은 나라, 에메랄드빛 바다를 보러 갈 수 있는 휴양지가 가득한 나라 등 순식간에 많은 이미지를 떠올릴 수 있다. 특히나 매력 넘치는 관광도시가 많은데, 방콕, 치앙마이, 푸껫 섬, 끄라비 섬, 사무이 섬 등은 한 번쯤 여행지로 들어보았을 것이다.

최근에는 태국 북부의 커피 생산지까지 유명해지면서 태국에서 한 달 살기를 하려는 사람이 늘어나고 있다. 태국은 북부의 산악지대부터 중부의 평야지역, 동부해안과 남부에 있는 아름다운 섬까지 다양한 지형을 가지고 있다. 이러한 지형은 이에 따른 기후와 음식 문화를 발전시켰기 때문에 태국의 북부부터 남부까지 볼거리와 먹을거리가 매우 풍부하다.

나는 2011년부터 2018년까지 포스코 이앤씨 태국 현지 주재원으로 8년간 생활을 하였다. 태국 생활을 하면서 느낀 점은 태국이라는 나라가 의외로 관광지 외에는 알려지지 않았다는 점이다. 태국 친구의 결혼식, 직장 동료의 대학 생활, 직장 근무 중에도 스님으로 출가하던 동료, 발음은 쉽지만 글로 쓰기는 어려웠던 태국어, 축제에 진심인 이웃, 유머와 해학이 있는 태국 광고와 맛집 탐방을 하게 만들었던 태국 음식까지 태국을 알면 알수록 더욱더 즐거움이 가득한 태국 이야기가 한 보따리 생겼다.

이 책을 읽고 나서 태국에서 꼭 가봐야 할 여행지에 관한 정보뿐만 아니라 매력적이며 흥미진진한 태국인의 생활 모습, 태국의 역사와 문화까지 알아갈 수 있으면 좋겠다. 한국과는 다른 태국의 문화를 이해하려면 태국을 알기 위한 열린 마음과 조그마한 관심이면 충분하다.

마지막으로 이 책을 출간하기 위해 많은 분이 도움을 주었다. 어깨에 기대어가며 늦은 밤까지 함께 책을 써 내려간 정문훈 작가와 책이 발간될 수 있도록 조언을 해준 윤주용 초록비책공방 대표님, 태국 현지의 자료를 얻도록 도와준 직장 동료 Wisut, Fongnam, Tadarat, Pacharin, Nuch, Sarawut, Thanes, Leecharoen, Vichit, 김경숙 과장님, 태국 PTTLNG에 다니고 있는 Krit, Erin, 태국 SCG에 다니고 있는 Kriangkrai, Tanayoth, Nampon, Marut 태국 전력청에 다니고 있는 Pairoj까지 책에 도움이 될 자료를 챙겨주었던 친구들이 너무나 고맙다. 8년간 4개의 태국 프로젝트에서 같이 땀을 흘린 직장 선배님들, 동료들, 후배들과의 경험이 없었다면 이 책은 나오기 어려웠을 것이다. 항상 응원을 해주는 가족에게도 감사의 마음을 전한다. ● **강태규**

● 회사에서 10년 정도 몸담았던 글로벌사업본부 시절, 동남아시아 지역 사업을 접할 기회가 많았다. 현지에 나가 프로젝트를 수행하는 동료들을 위해, 그리고 신규 사업 확대를 위해 무엇을 할 수 있을지 고민했다. 그 결과 2019년 여름 '동남아시아 알아가기 시리즈'를 기획했다. 매주 한 개 나라씩 총 10주 차로 구성한 이 프로그램 덕에 동료들과 회의실에 모여 앉아 매주 아세안^{ASEAN●} 국가로 인문·비즈니스 여행을 떠났다. 프로그램은 매회 두 개의 세션으로 구성했다. 먼저 나라별로 프로젝트 경험이 있는 동료들을 초청해 사업 이야기를 들은 뒤, 나는 각 나라의 역사와 문화를 소개했다. 이때의 경험이 계기가 되어 이후 여러 테마로 매년 강의를 이어오고 있다.

자연스레 동남아시아의 다채롭고 풍요로운 역사와 문화에 매료되었다. 이 지역에는 수많은 소수 민족을 비롯해 1,000개가 넘는 언어가 존재한다. 지역별로 특색있는 전통과 고유의 멋과 맛이 있다. 다만 우리는 이러한 동남아시아를 하나의 덩어리로 이해하는 경향이 있다. 여기에는 지배 세력이었던 서구권의 관점이 녹아있다. 이는 영국, 프랑스, 네덜란드 등 유럽 국가들이 이 지역 식민지를 전체적으로 파악하고 관리하기 위해 규정한 개념이다. 1943년 태평양전쟁 당시 일본이 대동아공영권을 기치로 동남아시아 지역을 침공했다. 이 남방작전에 대항하고자 영국과 미국 연합군이 스리랑카에 동남아시아 사령부^{South East Asian Command}를 설치

● 아세안은 1967년 설립된 동남아시아 국가 연합으로, 미얀마, 태국, 라오스, 캄보디아, 베트남, 말레이시아, 싱가포르, 인도네시아, 부르나이, 필리핀까지 총 10개국이 회원으로 가입되어 있다.

했다. 이때부터 동남아시아라는 개념이 깊게 뿌리내렸다. 인도차이나반도*Indochina Peninsula* 또한 마찬가지이다. 이는 프랑스인들이 과거에 지배했던 베트남, 캄보디아, 라오스를 통칭한 단어이다.

언젠가는 동남아시아라는 이름에 가려진 여러 나라의 무한한 매력을 독자들에게 알려주고 싶었고, 강태규 작가를 만나 그 꿈을 실현하게 되었다. 미소의 나라 태국은 단순히 관광대국이 아니다. 태국은 지리적으로 동남아시아 중앙에 자리 잡고 있다. 말레이시아 지역을 지배한 영국과 베트남, 라오스를 지배한 프랑스 사이에서 오랜 기간 균형 외교를 펼쳤고, 개방 정책으로 경제적으로도 중추적인 역할을 해 왔다. 유일하게 서구 세력으로부터 침략당하지 않은 지역의 자부심이기도 하다. 태국의 역사를 이해하면 버마(現, 미얀마), 베트남, 캄보디아 등 주변국까지 큰 역사적 줄기를 이해할 수 있다. 역동적인 변화를 겪어온 사회와 활력 넘치는 문화 또한 동남아시아의 분위기를 느끼기에 더할 나위 없이 좋은 나라이다. 이 책이 좋은 안내서가 되었으면 한다.

끝으로 이번 책은 강태규 작가가 없었다면 시작할 수 없었다. 이역만리 도미니카 현지 프로젝트로 바쁜 와중에도 끝없는 열정으로 나를 이끌어준 좋아하는 형이자 존경하는 인생 선배인 강태규 작가에게 깊은 감사를 표한다. 부족함에도 동남아시아 강의 프로그램을 실행할 수 있게 응원해 주고 함께해준 직장 내 선배님, 후배님께도 감사의 마음을 전한다. 세계 여러 나라를 경험할 수 있게 응원해 주신 나의 영원한 롤모델 부모님, 책 작업에 몰입할 수 있게 배려해 주신 장모님과 장인어른께도 무한한 감사를 드린다. 계속 나아갈 힘을 주는 사랑하는 아내와 딸아이에게도 고마운 마음을 전한다. ● **정문훈**

5부 여기를 가면 태국이 보인다

퀴즈로 만나는
태국

퀴즈를 통해 태국을 알아보자.
정답을 맞히지 못하더라도 퀴즈를 풀다 보면
태국에 대한 호기심이 조금씩 생길 것이다.

Q1.

태국을 상징하는 동물은
무엇일까요??

❶ 독수리 **❷** 코끼리 **❸** 고양이 **❹** 물소 **❺** 수탉

Answer. ❷ 코끼리

태국의 상징 동물은 코끼리이며, 이 중 흰 코끼리는 태국 왕실을 의미한다.

Q2.

다음 중 태국과 관계가 없는 아이돌은?

① 여자아이들-민니　　② 블랙핑크-리사

③ 뉴진스-하니　　④ GOT 7-뱀뱀　　⑤ NCT-텐

Answer. ❸ 뉴진스 – 하니

민니, 리사, 뱀뱀, 텐 모두 태국의 수도 방콕 출신의 태국인이다. 하니는 호주에서 태어났으며, 베트남계 이민 2세대로 본명은 '팜 응옥 헌'이다.

● (왼쪽부터) 리사, 텐, 뱀뱀, 민니

Q3.

물의 축제로 불리는 태국의 설날은?

❶ 본엄뚝   ❷ 러이끄라통   ❸ 송끄란
❹ 뗏   ❺ 라마단

Answer. ❸ 송끄란

'본엄뚝'은 11월에 열리는 캄보디아의 물 축제로 강의 축복에 감사하며 다음 해의 풍년을 기원한다. 화려한 색상의 각종 문양으로 치장한 400여 대의 드래곤보트 경주대회가 열린다. '러이끄라통'은 태국의 최대 축제 중 하나로 연꽃 모양의 작은 배에 불을 밝힌 초, 꽃 등을 실어 강이나 호수로 띄워 보낸다. '뗏'은 베트남의 설날로 가장 큰 명절 중 하나이다. '라마단'은 이슬람교에서 행하는 약 한 달가량의 금식 기간이다.

Q4.

태국의 현재 왕조는?

❶ 수코타이 왕조   ❷ 아유타야 왕조   ❸ 톤부리 왕국

❹ 짜끄리 왕조   ❺ 란나 왕조

Answer. ❹ 짜끄리 왕조

짜끄리 왕조는 1782년부터 현재까지 이어져 오는 태국의 왕조로 현재의 왕은 열 번째 왕인 라마 10세이다.

Q5.

다음 중 방콕에 있는 관광지가 아닌 곳은?

❶ 새벽 사원   **❷** 왕궁   **❸** 매끌렁 시장

❹ 통로 거리   **❺** 님만해민

Answer. ❺ 님만해민(Nimman Haemin)

님만해민은 치앙마이의 가로수길이자 홍대라고 불리는 곳으로 예쁜 카페와
수공예품 가게 등이 가득한 곳이다.

● (왼쪽 위부터 시계 방향으로) 새벽 사원, 왕궁, 통로 거리, 매끌렁 시장

1부

싸와디캅!
태국

물에는 물고기가 있고 논에는 벼가 있습니다.

There are fish in the water and rice in the rice fields.

(태국의 풍요로움을 뜻함)

– 수코타이 왕조 3대왕 람캄행

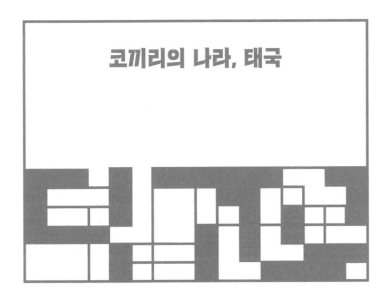

코끼리의 나라, 태국

태국은 불교의 나라다. 전 국민의 약 93%가 불교를 믿는다. 이슬람이 5%로 뒤를 이으며, 2%는 기독교 등 기타 종교를 믿는다. 1997년 종교의 자유를 보장하고자 국교를 없애기 전까진 불교가 태국의 국교였다. 지금도 불교는 태국 사회의 근간을 지탱하는 기반이다. 태국 국왕도 당연히 불교도이며 종교의 수호자임을 헌법에 명시해 두었다. 태국에서 태어난 남성은 일생에 한 번은 출가해 승려의 삶을 경험한다.

바로 이 불교를 상징하는 동물이 흰 코끼리다. 유래는 기원전 560년경으로 거슬러 올라간다. 석가모니는 네팔과 인도의 국경 부근에 있던 샤카 공화국의 왕인 슈도다나 왕*Suddhodana*과 마야 부인*Mahamaya* 사이에서 태어났다. 부인이 석가모니를 낳기 전날 밤 꿈에 여섯 개의 상아가 달린 흰 코끼리가 나타나 부인에게 연꽃을 전했는데, 태국의 전신이었던 13세기 수코타이 왕국의 제3대 왕이었던 람캄행 왕이 이 설화를 바탕으로 흰 코끼리를 숭상했고 그 뒤를 이은 통치자들도 계속해서 흰 코끼리를 숭배해 왔다.

이러한 연유로 흰 코끼리는 태국에서 신성하고 성스러운 동물로 여겨진다. 불심을 전하는 이 상징적인 동물은 왕의 대관식을 비롯해 왕실의 주요 행사에서 볼 수 있다. 라마 9세의 장례식에서도 왕실 소유의 흰 코끼리가 조문 행렬에 참가했고, 2019년 5월 라마 10세가 새롭게 왕위에 올라 열린 축하 퍼레이드에도 흰 코끼리가 어김없이 등장해 자리를 빛냈다.

오늘날 코끼리는 동물원이나 관광지에서 보는 정도가 대부분이지만, 과거 태국에서 코끼리는 강력한 힘과 맷집이 있어 전쟁에서 승리하는 데 큰공을 세웠다. 태국의 전신인 아유타야 왕국은 16세기에 국경을 마주하고 있는 버마(현 미얀마)에 패해 약 20년간 속국으로 전락했는데, 태국의 이순신이라 할 수 있는 나레쑤언*Naresuan* 왕이 활약하여 아유타야 왕국의 독립을 이루어냈다. 나레쑤언이 전투에서 강력한 힘을 발휘할 수 있었던 데는 그가 올라타고 싸운 코끼리의 공이 컸다. 코끼리는 공격적인 동시에 길들이기 쉽다. 그래서 오랜 기간 코끼리는 벌목에도 동원되고 수송에도 활용되었다.

1767년 아유타야 왕국이 무너진 후에도 코끼리에 대한 사랑은 이어져 20세기 초까지만 해도 흰 코끼리가 태국 국기에 그려져 있었다. 짜끄리 왕조의 라마 2세 풋릇란팔라이 왕이 1820년 흰 코끼리를 국기 중앙에 놓았고, 1916년에 이를 때까지 국기 중앙의 코끼리 그림은 더욱 정교해졌다. 이후 라마 6세 와치라웃왕이 주도한 근대화 개혁 과정에서 유럽 국기와 유사한 가로줄 형태의 심플한 디자인으로 바뀌었다. 그리고 여전히 국기의 하얀색 두 줄은 흰 코끼리와 불교의 의미를 내포한다.

내치와 외교 무대를 종횡무진해온 코끼리

코끼리는 외교 무대에서도 활약이 컸다. 중국에 판다 외교가 있다면 태국에는 코끼리 외교가 있다. 태국은 다른 나라와의 우호 증진을 위해 코끼리를 선물해 왔다. 19세기 중반에는 이역만리 미국의 에이브러햄 링컨 대통령에게도 코끼리를 보내려 했다.

태국은 라마 4세 몽꿋 왕 시절, 서구 열강들의 강한 압박을 받았다. 이에 불평등조약을 허용하고 영국, 프랑스 두 나라의 완충지 역할을 자처했다. 이렇게 열강들의 직접적인 침략은 피했지만 안도할 수는 없었다. 앞을 내다볼 수 없는 미래에 대비해 우방국이 필요했던 몽꿋 왕은 무서운 기세로 성장하던 미국에 눈을 돌렸다. 미국을 태국 편으로 만들어 외교적으로 도움을 받으려 했던 것이다. 1861년 몽꿋 왕은 에이브러햄 링컨에게 "귀국에 코끼리가 없으니 어린 코끼리들을 보내려 합니다. 코끼리들을 미국 숲에 풀어 키우십시오."라는 내용의 편지를 보냈다. 하지만 당시 미국은 남북전쟁이 한창이었고 미국 대통령 링컨은 코끼리를 받을 만한 상황이 아니었다. 그는 태국 왕의 호의에 감사를 표한 뒤 코끼리는 정중히 거절했다.

코끼리를 선물로 받았다고 해서 마냥 기뻐할 일은 아니다. 태국과 좋은 관계를 유지하려면 코끼리를 잘 돌봐야 하기 때문이다. 일례로 태국 왕실이 이웃 국가인 스리랑카와의 관계 개선을 위해 2001년에 코끼리 '삭 수린'을 선물했는데, 부상을 제때 치료하지 않는 등 학대 정황이 발견되었고 그 소식이 태국까지 전해졌다. 2023년 태국 정부는 문제를 제기하고 삭 수린을 다시 본국으로 데려왔다. 코끼리에게 깊은 정서적 연대감을 느끼며 애지중지하는 태국에 스리랑카가 큰 외교적 결례를 범한 것이다.

흥미로운 사실은 외교와는 달리 내치에서 코끼리는 무거운

형벌을 의미한다. 과거부터 태국의 왕은 절대 권력의 소유자였다. 왕의 선물을 거부하는 일이란 상상하기도 어렵지만 흰 코끼리는 더욱 그러했다. 흰 코끼리 선물은 왕과 불편한 관계에 있거나 왕이 싫어하는 신하에게 벌을 주려는 목적이 크다. 코끼리는 하루에 150kg가 넘는 엄청난 양의 먹이를 먹고 50kg 넘게 배설하는 데다 평균 수명도 무려 70년에 이른다. 이런 코끼리를 키우자면 어마어마한 재력이 요구된다. 무엇보다 왕의 선물인 코끼리를 잘못 키워 죽기라도 하면 큰 벌을 받는다. 흰 코끼리를 선물 받은 신하는 평생을 심적인 고통을 느끼며 살아야 하는 것이다.

이러한 연유로 영어의 White Elephant는 '비싸고 쓸모없는 애물단지', '처치 곤란한 물건'이라는 뜻으로 쓰인다. 외교적으로 중요한 가치가 있는 흰 코끼리가 내치에서는 무용지물이 되어버린다니 재미있는 일이다.

코끼리의 도시, 치앙마이

치앙마이 여행에서 인기 있는 활동이 코끼리 트레킹이다. 매타만 엘리펀트 캠프*Maetaman Elephant Camp*가 대표적인데, 이곳에 약 50마리에 이르는 코끼리가 살고 있다. 코끼리 트레킹에 참여하면 코끼리 등에 올라타고 열대림을 가로지르게 된다.

● 코끼리 트레킹

흐르는 얕은 강물 위를 걷기도 한다. 코끼리는 태국 북부 산악 지대에 살고 있는 리수족*Lisu*이나 카렌족*Karen* 등 고산 부족이 있는 곳으로 안내한다. 이곳에서 코끼리 똥을 잘 말려 만든 한지 체험을 할 수도 있다.

치앙마이주의 국기에도 불교 사원 모양 안에 놓인 흰 코끼리가 있다. 이 주를 통치했던 타말랑카*Thammalangka*가 짜끄리 왕조의 라마 2세에게 흰 코끼리를 진상했던 일을 기념하기 위해 그린 것이다. 흰 코끼리를 둘러싼 불교 사원은 치앙마이에 불교가 번영했던 15세기 말을 의미한다.

태국 왕실의 요리, 블루 엘리펀트

태국에는 흰 코끼리뿐 아니라 파란색 코끼리도 있다. 태국의 수도 방콕에 위치한 블루 엘리펀트*Blue Elephant* 레스토랑으로 이곳에서는 태국 왕실의 요리를 맛볼 수 있다. 노란 조명의 유럽풍 외관과 고풍스러운 실내 장식, 파란색 코끼리 그림이 올려진 플레이트까지 더해져 정말 태국 왕실의 귀빈으로 초대받은 듯한 착각을 불러일으킨다.

방콕의 3대 레스토랑으로 꼽히는 이곳의 역사는 독특하다. 해외에서 첫 매장을 연 뒤 역으로 태국에 진출했다. 1970년대에 태국 셰프였던 누로르*Nooror* 가 벨기에 유학 중 현지의 미술 거래상이자 비즈니스맨인 카렐 스테프*Karel Steppe*를 만나 결혼한 후 1980년 벨기에 수도 브뤼셀에 1호점을 열었다. 이후 유럽을 중심으로 지점을 확대하며 태국 음식의 세계화에 큰 역할을 했다. 방콕에는 2002년이 되어서야 문을 열었고 이후 푸껫 등으로 지점을 늘렸다. 지금은 방콕 북부에 블루 스파이스 팩토리*Blue Spice Factory* 공장을 지어 전 세계 45개국으로 수출하고 있다.

코끼리 태국 맥주, 창

● 창(Chang) 맥주 로고

태국에는 팟타이, 똠얌꿍과 같은 음식에 곁들여 마시는 다양한 맥주가 있다. 흥미롭게도 태국을 대표하는 3대 맥주 모두 동물 이름과 관련 있다. 먼저 싱하*Singha*는 태국말로 '사자'를, 레오*Leo*는 영어로 '표범'을 뜻하는 레오파드*Leopard*를 축약한 것이다. 레오 맥주와 싱하 맥주에 맞서는 창*Chang*은 태국말로 '코끼리'를 뜻한다. 레오 맥주의 시장 점유율은 50%에 이르며 싱하 맥주도 10%에 이른다. 창 맥주는 35%를 상회한다.

1933년부터 판매를 시작한 싱하는 태국의 신화 속에 등장하는 상상의 동물로 불교의 뿌리가 되는 힌두교의 사자 형상의 동물을 일컫는다. 인도차이나반도 중남부 지역의 수호 동물이다.

1995년에 탄생한 창 맥주는 향긋한 과일 향과 청량감이 태국 요리와 잘 어울려 태국인들의 입맛을 금세 사로잡았다. 비록 지금은 레오 맥주에 1위 자리를 내주었지만 말이다. 창 맥주 로고에는 태국인들이 신성시하는 흰 코끼리 두 마리가 마주 보고 있다.

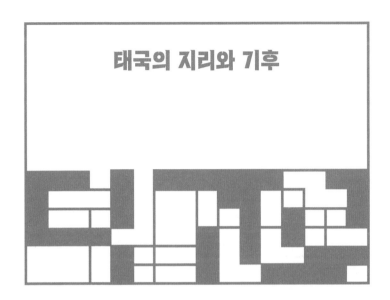

태국의 지리와 기후

인도차이나반도 중심에 위치한 태국

태국은 동남아시아의 인도차이나반도 중심에 위치해 있다. 태국이 어디에 위치해 있는지를 물어보면, 동남아시아인 것은 대부분 알지만 인도차이나반도의 중심이라는 것은 잘 모른다. 게다가 인도차이나반도라는 게 있는지 생소해하곤 한다. 인도차이나반도는 인도와 중국 사이에 지리적으로 위치한 삼면이 바다로 둘러싸인 대륙이며, 중심에 있는 태국을 기준으로 왼쪽은 미얀마, 오른쪽은 캄보디아와 베트남이 있고, 북쪽으로는 라오스, 남쪽으로는 말레이시아가 있다.

태국 국토는 한국과 비교하여 약 5배보다 큰 51만 3,000km²

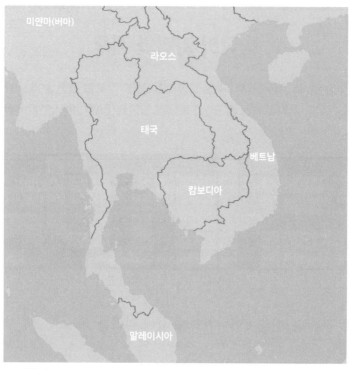

● 태국 지도

이다. 인구는 7,200만 명으로 한국에 비해 1.4배 정도 많다. 태국은 방콕, 파타야, 푸껫 등 관광지 한 곳을 선택해 여행하는 게 일반적이라 큰 국토를 체감하기 어려웠을 것이다. 하지만 태국 북쪽에 위치한 치앙마이부터 남쪽의 푸껫까지 차 또는 기차로 약 2,000km를 이동해 본 여행자라면 태국이 생각보다 엄청난 영토를 가진 나라임을 알 수 있다.

인도차이나반도의 지정학적 위치를 고려해 보면, 인도와 네팔의 히말라야산맥의 물줄기가 태국 중부, 캄보디아, 베트남 남부의 삼각지를 거쳐서 바다로 나가는 지형이다. 이러한 이유로 태국 내부의 지형적인 특색을 여섯 개로 나누어 구분할 수 있다. 치앙마이, 치앙라이, 빠이가 있는 태국 북서부의 산악지대, 나콘랏차시마가 위치한 북동부의 고원지대, 방콕과 아유타야가 위치한 태국 중부의 평원, 라용, 꼬사멧, 꼬창, 꼬꿋이 위치한 태국 동부의 낮은 구릉지대와 바닷가, 깐차나부리가 있는 태국 남서부의 임야 지대, 푸껫과 끄라비가 위치한 태국 남부 해안지대가 그것이다.

태국에서 해발고도가 가장 높은 곳은 치앙마이주에 있는 도이 인타논*Doi Inthanon*으로 2,565m이다. 치앙마이 도심에서 약 1시간 반 정도 떨어진 곳으로 국립공원이 있는 곳이다. 태국에서 해발고도가 가장 낮은 지역은 방콕, 파타야, 사무이 섬이 있는 타이만*Gulf of Thai* 지역이다. 참고로 인도를 바라보는 푸껫, 끄라비 섬 쪽의 바다는 안다만만*Gulf of Andaman* 지역이다.

건기와 우기가 확실히 나뉜 열대기후 태국

태국은 1년 중 건기와 우기가 뚜렷한 열대기후에 속한다. 열대기후는 총 3가지로 구분되는데, 적도 근처에 위치하며 강수량이 많고 짧은 건기를 가지는 열대 우림 기후*Tropical rainforest*

climate, 열대 우림 기후와 비슷하게 짧은 건기를 가지지만 계절
풍의 영향을 받아 폭우가 많은 열대 계절풍 기후*Tropical monsoon
climate*, 강수량이 다른 열대기후보다 적고 건기와 우기가 뚜렷
하여 초원지대를 이루는 사바나 기후*Savanna climate*이다. 태국
지역 대부분은 사바나 기후에 속한다.

태국은 11월부터 4월까지를 건기, 5월부터 10월까지를 우
기로 본다. 우기에는 한 달에 20일 이상 비가 내리며 건기에는
비가 거의 내리지 않는다. 건기에서 우기로 넘어가는 4월 13일
부터 15일에는 태국에서 설날이라고 불리는 물의 축제 '송끄
란 축제*Songkran Festival*'가 열린다. 건기가 끝날 때 비가 오게 해
달라며 물을 뿌리며 비를 부르는 기우제의 한 형태다.

태국은 연평균 기온이 약 28도로 온도 변화가 크지 않다.
물론 태국 북부의 산악 지대는 기온의 변화가 크며, 태국 남
부는 평균 기온이 더 높다. 태국은 크게 3개의 계절로 나눌 수
있다. 1년 중 가장 더운 여름은 3월부터 4월로 아직 본격적으
로 우기가 시작되지 않아 건조하다. 한낮에는 약 35도까지 올
라가고 저녁이 되면 약 27도의 수준으로 떨어진다. 겨울은 12
월부터 2월로 평균 기온은 약 26도, 아침저녁에는 약 20도까
지 떨어져 선선하다. 5월부터 10월은 평균 기온 28도이며 우
기에 속한다.

방콕은 태국 북부 산지에서부터 시작된 짜오프라야강이 남쪽 바다로 흘러 들어가는 삼각주에 있다. 삼각주의 특징상 방콕은 평균 해발고도 1.5m의 평평한 저지대라서 비가 많이 오면 일부 지역은 물에 잠기곤 한다. 2011년 7월 말부터 3개월간 내린 폭우로 방콕에 사는 대부분의 시민이 대피한 적도 있다.

태국은 2개의 특별 자치구와 76개의 주로 이루어져 있다. 특별자치구는 수도인 방콕과 방콕에서 동남쪽으로 1시간 정도 떨어져 있는 휴양도시 파타야이며, 76개의 주는 태국어로 짱왓*Changwat*이라 하며 한국으로 치면 경기도와 같은 주가 76개 있다는 셈이다. 특별자치구는 유권자가 시장을 뽑지만 주

● 물에 잠긴 방콕의 거리

의 주지사는 중앙정부에서 임명한다. 좀 더 세부적으로 들여다 보면, 태국 전역은 76개 주(짱왓), 878개 군(암프), 7,255개 면(땀본), 74,944개 리(무반)으로, 방콕은 50개 구(켓)와 180개 동(쾡)으로 구성되어 있다. 행정을 구분할 때 특별시 안의 행정 구분과 주 안의 행정 구분은 조금 다르다. 아래의 행정 구분표를 보면 조금 이해가 쉬울 것이다.

태국 행정 구분

구분	태국 행정 구분	한국 도시구분	영어 표기
76개 주	주(짱왓 Changwat)	도	Province
	군(암프 Amphoe)	군, 시	District
	면(땀본 Tambon)	면, 읍	Sub-district
	리(무반 Muban)	리	Village
2개 특별 지구	특별 자치구 (피셋 Piset)	특별시	Special governed districts
	구(켓 Ket)	구	District
	동(쾡 Khwaeng)	동	Sub-district

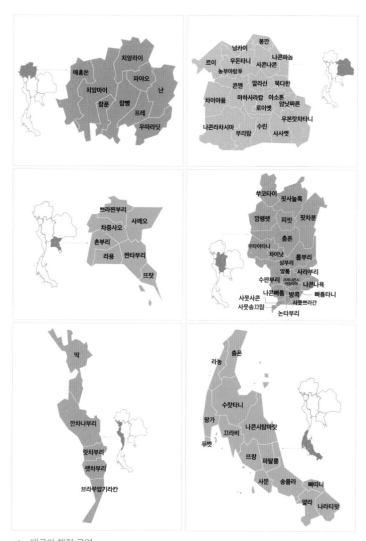

● 태국의 행정 구역

태국의 소수 민족

태국은 타이족이 인구의 대부분을 차지한다. 그다음이 동부의 크메르족과 남부의 말레이족, 서부와 북부의 카렌족이다. 이 세 민족 모두 태국이 주변국의 영토를 빼앗고 빼앗기는 역사의 과정에서 자연스레 인구가 늘어나게 되었다.

크메르족은 캄보디아 지역에서 건너왔는데, 같은 불교 문화권에 쌀농사를 주업으로 해서 타이족과 이질감이 크지 않다. 말레이족은 말레이시아와 국경지대에 가까운 도시들을 거점으로 몰려 산다. 이슬람교를 믿기 때문에 종교적 갈등이 존재한다. 카렌족은 미얀마와 국경지대에서 살아가고 있다. 미얀마에서 오랫동안 차별을 받았고 잔혹한 토벌 과정에서 태국으로의 이주자가 늘었다. 이밖에 북부를 중심으로 아카족, 라후족, 리수족, 몽족 등 여러 고산족이 살아가고 있다. 고산족은 주변국의 내란과 정치적 혼란을 피해 태국 땅으로 많이 이주해왔다. 1950년대까지는 주변의 방해 없이 산을 개간해 농사를 지으며 터를 일구어왔으나 늘어나는 인구를 감당하기 위해 양귀비 재배를 하기 시작했고, 결국 태국 정부가 개선책을 마련했다. '고산족 공동체'라는 조직을 만들어 양귀비 재배에 쓰이던 농토를 개간하여 부가가치가 큰 과일과 채소를 재배하도록 했다. 커피 생산도 이때부터 본격화되었다.

그럼에도 여전히 소수 민족의 삶은 녹록지 않다. 언어와 문화가 달라 태국어를 쓰는 다수 그룹과 어울려 살기가 쉽지 않다. 많은 경우 지리적으로도 단절되어 있다. 약 10만 명이 넘는 소수 민족 사람들이 태국 국민으로 공식 등록되지 않은 것으로 파악된다. 일부는 등록 절차 자체를 모르기 때문이며, 지리적 접근성도 그 이유이다. 이 경우 기본적인 공교육, 의료 혜택 등에서 소외될 수밖에 없어 사회적인 문제로 이어지고 있다.

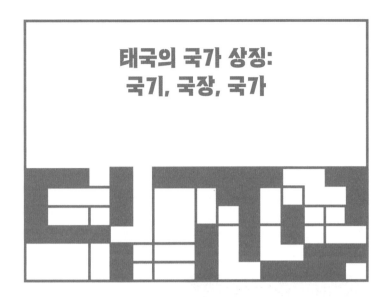

태국의 국가 상징: 국기, 국장, 국가

태국인의 삶에서 색은 상징적인 의미가 있다. 태국 국기에 있는 파란색, 붉은색, 흰색이 대표적이다. 태국에서는 이 세 가지 색이 주요 정당의 로고로 사용된다. 태국 사회를 구성하는 대표적인 색이라서 일반 국민들의 공감대를 잘 불러일으키기 때문이다. 우리나라도 주요 정당의 색이 파란색과 붉은색으로 나뉘지만, 색상 자체가 내포하는 의미가 태국처럼 크지는 않다.

그렇다면 태국에서 각 색상은 무엇을 의미할까? 파란색은 노란색과 함께 지배 계층인 왕실을 의미한다. 붉은색은 피지배 계층인 일반 국민을 상징한다. 흰색은 이 둘을 이어주는 불교를 상징한다. 국기의 세 가지 색상은 균형 잡힌 태국 사회를 함축한다. 태국인들은 여기에 친숙함과 안정감을 느낀다. 이러한 사회 문화적 특성을 포착한 삼성은 태국에 진출할 때 냉장고 같은 가전을 파란색, 붉은색, 노란색 등으로 디자인하기도 했다. 색상에 인식을 투영하는 태국인들의 특성을 간파한 마케팅 전략이었다.

● 태국 국기

태국 국기는 중앙에 파란색, 위쪽과 아래쪽으로 흰색, 붉은색이 순차적으로 이어진 형태이다. 가운데 파란색은 왕실을 상징한다. 이를 붉은색이 상징하는 국민이 지지하고, 흰색이 상징하는 불교가 잇는 형태이다. 이러한 상징은 태국이 역사적으로 서구의 영향을 많이 받았음을 보여준다. 유럽을 중심으로 파란색은 오랜 기간 왕실과 고귀한 것을 의미했다.

지금은 합성 염료가 충분히 제작되어 파란색 염료를 구하는 게 어렵지 않지만 과거 파란색은 구현하기 어려운 색이었다.

파란색은 자연에서 추출하기가 어렵다. 과거 아프가니스탄 지역을 비롯한 중동 일부 지역에서 청금석이 채굴되었고, 이것을 통해 울트라마린이라는 파란색 염료를 만들 수 있었을 뿐이다. 유럽에서 볼 때 오스만제국에 막힌 아프가니스탄은 아프리카 대륙을 돌아 오랜 항해를 통해서나 갈 수 있는 곳이었고 채굴할 수 있는 양 또한 한정되어 있어 18세기 이전까지 파란색은 회화 속 성모 마리아의 옷 같은 귀한 곳에나 쓰였다.

현대 합성 기술로 만들어진 최초의 색은 프러시안 블루 *Prussian Blue* 로 18세기 초에 처음 만들어졌다. 프러시안은 러시아와는 무관하다. 과거 비스마르크가 독일을 통일하기 전에 베를린 지역을 차지했던 프로이센의 또 다른 이름이다.

태국은 말레이반도에 진출한 포르투갈, 네덜란드와 그 이후 태국을 압박한 영국과 프랑스의 진출로 17~18세기에 이미 서구의 영향을 받아왔다. 자연스럽게 태국은 고귀한 파란색을 왕실의 색으로 받아들이게 되었다. 태국 국기에서 중앙을 차지한 파란색은 태국의 오랜 역사를 잘 담아내고 있다.

국민을 상징하는 붉은색과 붉은 셔츠단

붉은색은 예전부터 태국의 민중을 의미했다. 현재의 태국을 위해 흘린 국민의 노력과 피를 상징하기도 한다. 붉은색이 민중의 상징이 된 것은 제23대 총리였던 탁신 친나왓을 지지한 붉은 셔츠단이 그 유래다. 이후 2014년 쿠데타로 정권을 잡은 쁘라윳 찬오차 정부가 들어섰고 그들에 대항하는 민중이 붉은색 옷을 입으며 전 세계 언론에 많이 보도되었다. 2014년의 정치적 충돌은 2000년대 초의 태국과 연결된다.

2001년 2월, 태국 제23대 총리로 선출된 탁신 친나왓은 비단 사업으로 크게 성공한 증조부와 국회의원까지 지냈던 아버지를 이은 부유한 사업가였다. 정부와의 관계를 활용해 이동통신 산업 사업권을 따냈고 마침 태국 경제가 연평균 10%에 가까운 고도성장을 이루어 재벌이 되었다. 대중적으로도 유명했던 그는 고위급 정치인과도 친분을 쌓아 1994년 외무장관에 취임한 데 이어 부총리를 거쳐 IMF의 위기 이후 대중을 위한 행보를 보였다. 출신 지역인 태국 북부 치앙마이는 그의 강력한 지지기반이었고 총리로 선출된 데도 큰 힘이 되었다.

다만 이러한 과정에서 기득권과는 조금씩 거리가 생겼고 지역 개발 정책과 관련해 왕실자산관리국(태국 국왕의 재산을 관리하는 별도 조직)의 비위를 건드리는 일이 생기며 균열이 생겼다. 그러던 2006년 9월, 태국 내 군부 세력이 쿠데타를 일으키자 정권을 잃었다. 태국 왕실에서도 탁신의 높아지는 인기가 눈엣가시였던 것이다. 하지만 이어서 열린 2007년 총선에서 국민의 열망은 탁신을 향했고, 그 결과 친탁신계 정당이 이기며 제1당을 차지했다. 여기에 탁신이 떠난 2011년 총선에도 그의

● 탁신 지지 세력, 붉은 셔츠단 　　　● 왕실 지지 세력, 노란 셔츠단

여동생인 잉락 친나왓이 새롭게 총리가 되었다. 하지만 그는 결국 2014년 부패 혐의로 탄핵되었고 쁘라윳 찬오차의 쿠데타로 현재까지 태국은 쿠데타 세력과 왕가의 노란 셔츠단과 붉은 셔츠단이 나뉘어 서로 대립하고 있다.

태국 사회의 새로운 바람, 오렌지색

태국 사회의 왕실을 의미하는 파란색, 서민 중심의 민주주의 사회를 뜻하는 붉은색, 그 대척점에 서있는 노란색 외에도 새롭게 등장한 색이 있다. 바로 오렌지색이다. 상징성이 크지 않던 오렌지색에 고유의 존재감을 부여한 것은 신생 정당이었던 미래전진당*Future Forward Party*이다. 타나톤 쭝룽르앙낏

Thanathorn Juangroongruangkit 대표가 이끈 이 정당은 쁘라윳 찬오 차가 2014년 쿠데타로 찬탈한 정부에 대항해 탄생한 대안 정당이다. 군부 쿠데타로 자리에서 내려온 잉락 친나왓과 탁신 친나왓의 프아타이당 *Party for the THAI* 이 제1야당을 유지했지만, 국민은 보다 개혁적인 정당의 등장을 원했던 것이다.

미래전진당은 젊은 층을 중심으로 돌풍을 일으켰음에도 기득권의 반발이 만만치 않아 위기를 맞는다. 2019년 태국 법원이 타나톤 대표가 기업 지분을 소유했다는 이유로 의원직 상실 결정을 내리고 정당까지 해산시켰다. 그와 지도부 주요 인사들은 향후 10년간 정치 활동을 금지당하기도 했다. 납득하기 어려운 조치에 태국 사람들은 물밀듯 거리로 쏟아져 나와 다른 나라의 출국이 마비될 만큼 강력하게 대항했다.

법원의 결정을 뒤집지는 못했지만 변화를 열망하던 국민들은 멈출 줄 몰랐다. 미래전진당에서 탈당한 몇몇 인사들은 이러한 분위기를 타고 새로운 정당을 세웠다. 미래전진당의 후신인 전진당 *Move Forward Party* 이다. 그리고 타나톤을 잇는 멋진 대표를 발견했다. 40대 초반의 피타 림짜른랏 *Pita Limjaroenrat* 이다. 미국 하버드대와 MIT에서 수학한 그는 태국 정치계를 장악한 군부의 반복된 쿠데타에 염증을 느끼는 국민의 가려운 부분을 정확히 긁었다. 왕실을 욕하면 최대 15년 형을 받게 되는 왕실 모독죄의 지나친 면을 개선하고, 징병제를 폐지하겠다고 역설하며 새로운 정부의 방향을 제시했다.

● 오렌지색 전진당의 유세 활동(오른쪽에서 두 번째가 피타 림짜른랏)

　그가 가진 리더로서 추진력과 인간적인 매력, 국민의 오랜 열망이 더해지며 돌풍이 일어났다. 2023년 5월에는 태국 총선에서 파란을 일으켰다. 전진당은 하원 500석 중 무려 151석을 차지하며 제1야당이 되었다. 탁신 친나왓의 딸이 이끄는 기존 제1야당 프아타이당의 141석보다도 앞선 결과다. 하지만 아쉽게도 같은 해 7월에 열린 총리 선출에서 총리직을 향한 피타의 도전은 성공하지 못했다. 여기에 과거 소속했던 언론사 Itv의 일부 주식을 소유한 것이 위반이라며 군부가 문제를 제기했고, 헌법재판소가 직무 정지를 내렸다. 피타는 현재 당대표에서 물러나 자문 역할을 하고 있다. 오렌지당의 돌풍은 여기까지일까? 아니면 언젠가 다시 기회를 잡을 수 있을까?

비슈누가 타고 다니는 성스러운 새, 가루다

태국인들이 현존하는 동물 중 코끼리를 숭배한다면, 신화 속에 존재하는 생명체 중에는 가루다*Garuda*를 숭배한다. 태국의 국장이기도 한 가루다는 힌두교의 바탕이 되는 인도 신화에 나오는 신조이며 팔부신(불법을 수호하는 여덟 수호신) 중 하나이다.

힌두교에서 세계를 구성하는 신은 창조의 신, 유지의 신, 파괴의 신이다. 이 세 신은 몸은 하나인데 세 면에 머리를 가지고 있는 기괴한 모습을 하기도 하고, 각각의 개체로 존재하기도 한다. 힌두교의 세계관은 창조, 유지, 파괴로 이어지는 동시에 각각의 역할에 의미를 부여한다. 힌두교가 탄생하던 때로 거슬러 가보자. 인도인의 뿌리는 유럽의 아리아인들이 인도 북서부 지역으로 내려왔다는 설이 유력하다. 그들은 실크로드 지역을 중심으로 무역하더니 인도 중부로 슬금슬금 내려오다 인도 대륙 전체를 차지했다. 그들은 문명을 일군 경험이 있고 경제적으로도 부유했으며 도시를 이루었다. 또한 안정적인 사회와 본인들의 입지를 위해 카스트라는 신분제도를 만들었다.

힌두교가 있기 전 종교가 바로 브라만교다. 카스트 제도에서 가장 높은 계급을 말하는 바로 그 브라만이다. 브라만교는 경전이 너무 어렵고 종교의식 절차가 지나치게 복잡해 빠르게 대중화하기에 어려웠다.

아리아인의 후손인 귀족 계층은 어릴 적부터 이를 배우고

익혀 체득할 수 있었지만 인도 원주민에게는 불가능했다. 상황이 이렇다 보니 원주민들은 불교나 자이나교라는 새로운 종교를 받아들였다. 이를 지켜보던 아리아인은 자신들이 사회적 위치가 흔들릴까 두려워 브라만교 교리를 보다 쉽고 간단하게 해석한 힌두교를 탄생시켰다. 불교 사상까지 섞어 새로운 교리를 정립하는 이 과정에서 힌두교는 브라흐마*Brahma*, 비슈누*Vishnu*, 시바*Shiva*라는 세 개의 신이 탄생했다. 세상은 원래는 한 몸인데 신의 역할에 따라 다른 모습으로 세상에 온다는 교리였다.

첫 번째 신인 브라흐마는 우주의 최고 원리를 만들어낸 창조의 신이며 카스트 제도의 가장 높은 계급인 브라만에서 유래했다. 두 번째 신은 우주의 질서를 유지하는 비슈누이다. 마지막 신은 우주를 파괴할 때 힘을 발휘하는 시바이다. 이렇게 힌두교는 삼주신이 세상을 만들어내고, 잘 유지되도록 운영하고, 여차하면 다시 파괴해 버리는 교리를 중심으로 한다.

삼주신 중에서 우리 삶과 밀접한 신은 비슈누이다. 그는 아바타*avatar*라고 불리는 분신을 통해 인간 세상에 직간접적으로 관여한다. 그리고 비슈누가 현세로 올 때 타고 다니는 신화 속의 새가 바로 가루다이다.

가루다는 인도 사회 저변에 뿌리내린 다르마*Dharma*와 권력을 상징하기도 한다. 다르마는 만물을 지배하는 법칙이자 인간이 지켜야 할 마땅한 의무와 규범을 의미한다. 이러한 배경에서 과거 굽타 왕조 시대를 비롯해 인도의 왕조들은 휘장이나 동전에 가루다를 새겨 넣었다.

태국 일상 속 가루다 찾기

● 태국의 국장, 가루다

가루다는 이러한 큰 상징성에 걸맞게 태국의 문화유산을 비롯해 태국의 일상 곳곳에서 만날 수 있다.

먼저, 태국 공식 문서에 등장한다. 태국이라는 나라를 대표하는 문장인 국장은 강렬한 붉은 색상의 가루다이다. 얼굴과 몸의 일부는 사람인 동시에 날개를 활짝 편 반인반조의 모습을 하고 있다. 길게 뻗은 팔에 큰 날개가 달려 있다.

태국인들의 여권 앞면 중앙에도 가루다 문양이 새겨져 있다. 동남아 여기저기를 다녀봤다면 다소 혼란스러울지 모른다. 분명 인도네시아에 갈 때 탄 국적기가 가루다 항공이었는데, 왜 뜬금없이 인도네시아가 아닌 태국의 상징이 가루다인지 말이다. 인도네시아의 국장 또한 가루다이다. 다만 태국과는 달리 황금빛 독수리의 모습을 하고 있다. 태국의 기괴한 가루다

● 가루다 조각이 있는 태국 파타야의 진리의 성전

모습에 비하면 무난한 편이다. 가루다는 특정 국가에만 국한
되지 않는다. 동남아시아 여러 나라에 걸쳐 상징성을 가진다.

가루다는 태국 사회 전반에 깊게 스며있다. 앞서 소개한 여권
뿐 아니라 태국 화폐인 밧화에서도 반인반조의 가루다를 만날
수 있다. 태국의 대형은행 중 하나인 아유다 은행*Bank of Ayudhya*
입구에도 붉은색 가루다가 위풍당당한 모습으로 서 있다. 방콕
의 짜오쁘라야 강변에 있는 명소 왓 아룬*Wat Arun*의 창살문에
도 금테를 두른 가루다가 사원을 수호하듯 날개를 펼치고 있다.

우리에게 익숙한 태국의 정치, 경제, 사회 중심 도시인 방콕
*Bangkok*의 원래 이름은 엄청나게 길다. 너무 길다 보니 대외적
으로 간략하게 사용한 이름이 방콕으로 '숲속 물가의 촌락'을

뜻한다. 그럼 방콕의 본명은 무엇일까? '끄룽텝 마하나컨 보원 랏따나꼬신 위쓰누 깜쁘라쎗'이다. 이를 줄여 끄룽텝*Krungthep*이라 일컫는다. '천사의 도시'라는 의미이다. 미국에 천사의 도시 로스앤젤레스가 있다면, 태국에는 끄룽텝이 있다. 여기서 천사는 과연 누구일까? 바로 가루다를 의미한다.

하루 두 차례 공공장소에 울려 퍼지는 국가

태국은 아시아에서 가장 먼저 민주주의를 채택한 나라다. 하지만 그 과정은 폭력적이었다. 1932년 피분송크람이 군부 세력을 등에 업고 쿠데타를 일으켜 태국의 총리에 올랐다. 이후 과거와는 달리 왕의 권한이 현저히 약화했다(이에 관해서는 '3부. 역사로 보는 태국'에서 자세히 다루기로 한다.).

피분송크람이 집권하면서 확립한 것 중 하나가 민족주의 고취를 위한 국가 제창이다. 매일 오전 8시와 오후 6시에 각각 국기 게양식과 하강식이 진행되었고 이때 태국의 국가 〈플렝 찻 타이*Phleng Chat Thai*〉가 텔레비전, 라디오뿐 아니라 모든 공공시설과 광장에 국가가 울려 퍼졌다. 국가가 연주되면 모두 하던 일을 멈추고 부동자세를 취해 경의를 표해야 했다. 다른 음악이 재생 중이었다면 당연히 꺼야 했다. 이를 어길 시 불경죄에 해당해 법적으로 처리되었다. 물론 지금은 엄격한 법 집행은

줄었지만 하루에 두 번 있는 국기 게양식은 현재까지 이어져오고 있다. 민족주의 강화와 하나의 태국으로 국민의 단합을 위해 만들어진 만큼 태국 국가에는 태국과 태국인에 대한 언급이 끊임없이 나온다. 가사는 다음과 같다.

태국 국가

ประเทศไทยรวมเลือดเนื้อชาติเชื้อไทย
태국은 태국인의 피를 모아 하나로 된 땅이라네.

เป็นประชารัฐ ไผทของไทยทุกส่วน
태국의 국토는 모두 태국인의 것이라네.

อยู่ดำรงคงไว้ได้ทั้งมวล
전체를 유지하는 이유는

ด้วยไทยล้วนหมาย รักสามัคคี
태국인 모두가 단결하기 때문이라네.

ไทยนี้รักสงบ แต่ถึงรบไม่ขลาด
태국인은 평화를 사랑하지만 전쟁도 두렵지 않으리.

เอกราชจะไม่ให้ใครข่มขี่
누구나 독립을 두려워할 자가 있느냐.

สละเลือดทุกหยาดเป็นชาติพลี
국가를 위해 우리는 모두를 희생하리.

เถลิงประเทศชาติไทยทวี มีชัย ชโย
조국의 영광이 있을지니, 만세!

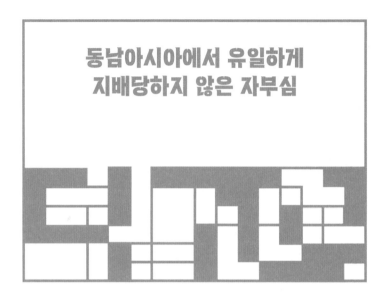

동남아시아에서 유일하게 지배당하지 않은 자부심

태국이 마주한 첫 서구열강은 대영제국이다. 영국이 동남아시아에 영향을 처음 끼칠 때는 1782년 말레이시아를 장악하고 있던 네덜란드에 맞서는 세력을 지원하기 위함이었고, 인도차이나반도에 영국이 본격 진출한 것은 1824년 영국-버마(현 미얀마) 1차 전쟁이었다. 당시 강성했던 버마는 열심히 맞서 싸웠으나 3년간의 전쟁에서 영국이 승리를 거두었다.

산업혁명을 바탕으로 급격히 팽창하던 영국의 탐욕은 끝을 몰랐다. 1852년과 1885년에 연이어 발발한 3차 전쟁 끝에 버마를 통합했다. 힘들게 버마를 무너뜨린 대영제국은 버마에 엄청난 청구서를 들이밀었다. 버마는 주권을 빼앗겼고 경제는 파탄 났다.

영국은 식민지를 통치할 때 본인의 손에 피를 묻히지 않는다. 소수 인도계 민족인 로힝야족에게 지배 권한을 주어 버마를 다스렸다. 이 때문에 미얀마는 독립 후 오랜 시간이 지난 현재까지도 인종 갈등 문제로 심각한 후유증을 겪고 있다.

태국의 남달랐던 외교 정책

북쪽의 버마가 영국의 공격을 받았다는 소식은 태국에도 들려왔다. 1차 영국-버마 전쟁 후 얼마 지나지 않아 영국군이 태국 왕실을 찾았다. 사실 두 나라는 영국-버마 전쟁 이전에 이미 갈등이 있었다. 영국이 당시 태국의 전신이었던 시암 왕국의 영토(현재 말레이시아의 케다 지역)를 탐낸 것이다. 네덜란드가 독점했던 말라카해협의 북부 말레이반도 확보가 전략적으로 중요하다는 이유에서였다. 영국이 버마와의 전쟁에 집중하느라 잠시 중단되었던 이 갈등은 영국이 전쟁에서 승리하자 태국에 엄청난 압박을 가하기 시작했다.

영토 일부를 떼어달라는 말도 안 되는 청구서를 태국에 내민 영국은 설마 태국이 설마 이런 말도 안 되는 조건을 수락할까, 생각하며 거부 시 버마처럼 침공하기로 마음먹고 있었다. 그런데 태국 왕실은 버마와는 정반대의 외교 방향을 택했다. 1826년 6월 영국의 제안을 전적으로 수용한 태국은 케다, 켈

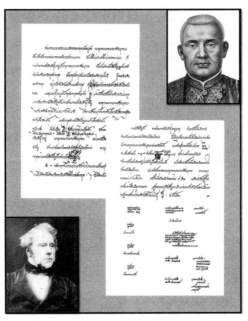

● 버니 조약

란탄, 프를리스, 트렝가누 4개 주를 영국에 넘겼다. 이 조약은
당시 영국 동인도회사의 대리인이었던 헨리 버니*Henry Burney*가
끌어내 '버니 조약*the Burney Treaty*'이라 부른다.

　태국이 순순히 응하자 영국은 당황했다. 공격할 명분이 사
라진 것이다. 외세의 침략을 막기 위해 노력해 온 우리나라 역
사의 눈높이로 태국을 바라보면 이해가 쉽지 않다. 서구 열강
이 무력을 쓰지 않을 테니 제주도만 가져가겠다고 한다면 우
리는 아무런 저항 없이 내어줄 수 있을까? 상상하기 어렵다.
하지만 태국은 다른 선택을 했고 결과적으로 그 선택은 나쁘

지 않았다. 태국 국민은 지난한 전쟁과 불합리한 타인종의 통치를 피할 수 있었다.

태국 왕실은 이후에도 말레이반도를 장악한 영국과 베트남을 장악한 프랑스 사이의 완충지 역할을 자처하며 줄타기 외교를 했다. 이 외교를 주도한 것이 바로 짜끄리 왕조로 1782년부터 현재까지 이어져 오고 있다.

만다라 체계와 짜끄리 왕조

버니 조약 체결 이후에도 영국은 계속해서 태국을 압박했다. 라마 4세가 왕위에 올랐던 1855년 태국은 또 한 번 갈림길에 섰다. 버니 조약 때보다 한층 더 강력해진 초강대국 영국이 또 한 번 조약을 요구한 것이다. 태국의 역사와 사회에 많은 영향을 끼친 보링 조약*the Bowring Treaty*이었다.

보링 조약은 버니 조약보다 한발 더 나아갔다. 당시 시암 왕국●이었던 태국은 이 조약으로「시암 법*Siamese law*」을 제정하여 영국인의 기소 면제권과 치외법권을 명시했는데 이는 아편전쟁 이후 영국과 청나라가 맺은 난징조약, 즉 영국이 상하이

● 아유타야 시대부터 라타나코신 시대까지의 태국을 말한다. 1936년 국호를 시암에서 타이로 바꾸면서 오늘날의 타이 왕국이 되었다.

에 임차지인 조계 지역(외국인 거주지)을 건설하고 치외법권 지역으로 인정받은 것과 다를 바 없었다. 보링 조약을 통해 태국의 주요 항구들은 영국을 비롯한 서구에 개방되었으나 그럼에도 영국은 태국의 주권은 인정했다. 완전한 식민화는 가까스로 피한 것이다.

이런 일련의 과정이 우리의 눈에는 굴욕외교로 비칠 수 있다. 우리나라의 19세기를 돌아보면 역사적 상황과 규모는 다르지만 서구에 대항한 병인양요와 신미양요가 있고, 17세기 초에 삼전도의 굴욕을 겪긴 했지만 강력한 군사력을 가진 누르하치의 후금에 항전한 역사도 있다.

하지만 태국의 외교적 결정을 우리 관점으로만 봐서는 안된다. 그들만의 독특한 국가 구조를 이해하면 납득되는 부분이 있기 때문이다. 태국 사회는 만다라*mandala* 형태로 되어 있다. 산스크리트어로 '둥그런 원'을 뜻하는 만다라는 힌두교에서 생긴 개념으로 원이 안에서 밖으로 계속해서 반복되며 만물이 끊임없이 확산하는 구조를 일컫는다. 불교에서 만다라는 겹겹이 펼쳐진 연꽃을 뜻한다. 태국 사회 체계도 만다라 문양처럼 방콕을 중심으로 작은 도시로 끊임없이 확장해 가는 모습이다. 왕실이 있는 중앙 정부를 제외하고 지역별로 작은 부족사회가 계속 이어진다. 인구 구조를 보면 조금 더 명확하다.

태국 제1의 도시인 방콕의 인구는 1,100만 명이다. 그런데 다음으로 인구가 많은 도시인 사뭇쁘라칸의 인구는 40만 명

수준에 불과하다. 20만 명을 넘는 도시도 우리에게 잘 알려진 치앙마이를 비롯해 5개 정도가 전부이다. 나머지 도시는 20만 명이 채 되지 않는다. 태국 전체 인구가 적은 것도 아니다. 약 7,200만 명으로 전 세계 20위이다. 북쪽의 이웃 국가인 미얀마의 경우 제1의 도시 양곤은 450만여 명, 두 번째 도시인 만달레이는 120만여 명을 넘어선다. 동쪽으로 국경을 마주한 베트남도 남부의 호찌민시는 930만여 명이고 수도 하노이는 520만여 명에 이른다. 그 외 다낭도 75만여 명에 이르러 태국과는 다른 구조이다.

이처럼 태국은 계속해서 뻗어나가는 만다라처럼 다양한 부족이 각 지역에서 각 부족의 특성을 존중하며 함께 살아간다. 짜끄리 왕조가 탄생하기 전에 존재했던 수코타이 왕국과 아유타야 왕국도 모두 이러한 부족 도시 중 하나였다. 이 때문에 태국인이라는 통합된 민족성을 갖게 된 것도 입헌군주제가 탄생한 1930년대에 이르러서였다.

이러한 사회 구조가 주는 장점 중 하나는 외교적 유연성이다. 개별 부족들에게 국가의 개념은 크게 중요치 않았다. 일부 지역이 영국에 넘어가는 것보다는 자기 부족의 안녕과 유지가 우선순위였다. 이 때문에 짜끄리 왕조는 자국의 일부 지역을 영국에 내어주는 의사결정을 할 수 있었다.

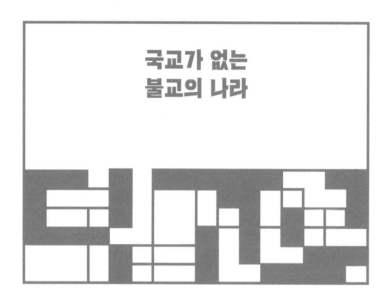

국교가 없는
불교의 나라

태국은 국교가 없고 민주주의 국가라 종교의 자유를 보장한
다. 하지만 이는 국가 차원의 통합을 위한 조치일 뿐 태국은 엄
연한 불교 사회이다. 전체 인구의 93%가 불교를 믿으며 매일
이른 아침 스님들에게 탁발 공양을 하며 하루를 시작한다. 불
교는 태국 사람들의 삶을 구성하는 토대이며 가치관에 큰 영
향을 미친다. 불교를 떼어놓고 태국 사회를 이해하는 일은 불
가능에 가깝다.

태국의 불교 사원을 뜻하는 '왓^{wat}'은 어디를 가나 존재한
다. 태국 달력에는 매월 '완프라'라고 부르는 재계일에 불상 그
림이 그려져 있다. 재계일은 매월 음력 8일, 15일, 23일, 말일
인데 불교 신도들은 이날 불교에서 정한 계율을 지킨다. 살아

있는 생물을 죽이지 말 것, 음주하지 말 것, 간음하지 말 것, 도적질하지 말 것 등이 포함되어 있다.

입국 시 가장 먼저 보이는 불상 훼손 관련 안내문

태국 공항에 도착하면 불상을 훼손하지 말라는 경고문을 가장 먼저 마주하게 된다. 기독교의 예수상을 함부로 대하는 것이 말이 안 되듯 불상을 훼손하는 일 또한 매우 잘못된 일이다. 이는 외

● 불상 조각

국인에게도 가차 없다. 과거 태국 유명 관광지에서 한 서양인 가족이 사진을 찍는다며 불상 위에 올라가 포즈를 취하다가 수감되기도 했다. 태국 사람들은 불상을 옮기거나 먼지를 닦을 때도 예를 갖춰 인사를 한 뒤 진행한다.

지하철에서도 불교에 대한 존중 의식을 엿볼 수 있다. 우리나라는 노약자, 임산부, 어린이 등에게 교통 좌석을 양보하는데, 태국은 오렌지색 승복을 입은 승려에게 먼저 지하철 자리를 양보한다.

태국에서 승려들은 불공을 드리는 역할에만 그치지 않는다. 사회적인 역할도 수행한다. 시골에서는 아이들에게 교사의 역할을 하기도 하고, 어른들에게는 기술과 상업을 가르치기도 한다. 과거에는 주요한 건설 활동에도 힘을 보탰다.

그렇다고 해서 태국의 승려들이 완전무결한 존재인 것은 아니다. 우리가 생각하는 것보다 꽤 많은 일탈을 저지른다. 먼저 고기를 먹는 데 익숙하다. 이는 불교의 계율 중 첫 번째 항목인 '살생하지 말라'와 모순된다. 여기에는 승려들 나름의 합리화가 있다. 그들이 직접 살생한 것이 아니므로 괜찮다는 것이다. 음식을 먹을 때 '불평 없이 사람들이 그릇에 넣어주는 대로 먹어야 한다'는 계율을 지키려면 되레 가려서는 안 된다는 것이다. 본인이 먹으려는 시점에 동물들은 진즉에 죽어 고기가 되었고, 돼지나 닭이 그들의 삶을 죽음으로 완수했기 때문에 괜찮은 것이라 말한다.

이처럼 태국은 불교에 기반한 사회이지만 규율로 강하게 통제되고 있지는 않다. 현실적으로는 불교에서 말하는 주요 계율을 잘 지키고 있지 못한 상황이다. 예를 들어 '술과 마약을 삼가라'를 보자. 태국 남자들은 일생에 한 번 승려로 출가한다. 그 기간 술의 매출이 다소 떨어지기는 하지만 태국은 상당한 양의 술을 소비하는 나라이다. 이뿐 아니라 태국은 약물 중독

등의 문제도 큰 나라이다. 외국인들이 태국을 찾아 마약을 하다 체포되기도 한다.

업보와 윤회, 카르마와 삼사라

불교를 대표하는 개념 중 카르마*Karma*와 삼사라*Samsara*가 있다. 태국인들의 사고에 깊이 뿌리내려 있으며 태국 사회를 이해하는 데 중요한 개념이다.

먼저 카르마는 '업'을 의미한다. 범어인 산스크리트어에서 왔다. '모든 일은 나의 업보로 돌아온다'는 사필귀정의 개념이다. 선행을 했다면 좋은 업보를 쌓은 것이고 악행을 했다면 나쁜 업보를 쌓은 것으로 이는 훗날 나에게 다시 돌아오므로 착하게 살아야 한다는 권선징악의 의미도 담겨있다. 태국에서는 사회적으로 통용되는 여러 가지 선善의 행위가 있다. 크게는 나라를 생각하며, 부모의 은혜에 효를 행하며, 이웃과 나누는 행동들이 포함된다. 탁발승에게 공양하는 행동도 이상적인 선의 행위이다. 이러한 카르마 개념이 뿌리박혀 있다 보니 1932년부터 2014년까지 19번에 이르는 쿠데타가 일어났는데도 태국 사람들은 크게 동요하지 않고 차분하다. 1973년 학생운동과 같은 극단적인 충돌을 제외하면 태국 국민은 함께 들고일어나 쿠데타에 대항하지 않았다. 태국 사람들에겐 삶은 순리대로 계속 이어져 나간다는 생각이 깔려있다. 그렇다 보니 나쁜 일을 벌이는 사람들은 꼭 사법적인 조치가 취해지지 않더라도 언젠가는 벌을 받을 것이라 믿는다. 태국 사람들이 생각보다 쉽게 체념하고 달관하는 것처럼 보이는 이유다. 물론 최근 들어서는 젊은 층을 중심으로 조금씩 변화해가고 있다.

두 번째 삼사라는 생과 사를 끊임없이 되풀이하는 윤회사상을 뜻한다. 태국의 윤회사상은 '카토이나 레이디보이'라 부르는 트랜스젠더와도 관련이 있다. 태국 사회는 자기 정체성을 가지고 살아가는 것이 워낙 일상적이라 남자가 레이디보이가 되는 것을 자연스럽게 받아들인다. 윤회사상에 따르면 우리는 전생에 동물이었을 수도 있고 다른 생물이었을 수도 있다. 남자는 여자였을 수도 있고 여자는 남자였을 수도 있다. 성별은 고정된 것이 아니라는 관념이 사회적으로 용인된다. 그러다 보니 태국 사회는 상대에 대한 인정과 수용성이 높다. 그래서 트랜스젠더들이 영화나 TV에 등장하는 일이 아주 자연스럽다. 또한 태국 사람들의 생활 속에 뿌리 깊이 내린 윤회사상은 그들의 모든 삶을 다음 생에서 조금 더 나은 삶을 얻고자 하는 노력의 시간으로 만든다. 실제 강력범죄인 살인율의 경우 태국은 10만 명당 약 2.4명 수준으로 남미나 필리핀에 비해 크게 낮을 뿐 아니라 세계 평균의 절반 수준 밖에 되지 않아 여행하기에도 안전한 나라에 속한다.

태국의 두 번째 종교, 이슬람교

태국의 첫 번째 종교가 불교라면 두 번째 종교는 이슬람교이다. 태국 내에 이슬람 사원인 모스크는 3,500여 개에 이른다.

동남아 지역에 이슬람이 퍼지는 데 주요한 역할을 했던 나라는 델리 술탄국으로 13세기 초부터 16세기 초반까지 델리를 중심으로 북인도 지역을 통치했던 나라다. 델리 술탄국은 향신료를 비롯한 여러 상품의 교역을 위해 동남아시아 지역에 진출했다. 현재의 인도네시아, 말레이시아, 필리핀 남부에 이르는 지역이 이슬람의 영향 아래 있는 데는 델리 술탄국의 영향이 크다.

특히 태국의 남부 지역인 빠따니*Patani* 주는 이슬람 국가인 말레이시아의 북부와 인접해 있어 말레이족 무슬림이 인구의 90% 가까이에 이르고, 모스크가 630개를 넘을 만큼 이슬람 문명의 영향권 하에 놓인 지역이다. 이곳은 과거 오랜 기간 태국의 전신인 수코타이 왕국과 아유타야 왕국에 공물을 바쳐왔다.

이러한 연유로 빠따니주는 태국 땅임에도 말레이어를 함께 사용한다. 거리의 간판에서 아랍어를 쉽게 볼 수 있으며, 히잡을 쓴 여성도 찾기 어렵지 않다. 수도인 방콕과도 지리적으로 멀리 떨어져 있고, 오랜 기간 인종적·종교적으로 달라 분리주의 갈등의 불씨가 계속 존재해 왔다. 역사적으로 보면 태국 지역이 버마군(현재 미얀마)에 된통 깨져서 쇠락한 1767년에 아유타야 왕국의 멸망과 함께 독립을 이루었지만, 짜끄리 왕조가 들어서면서 다시 태국의 전신인 시암의 지배하에 들어가게 되었다.

태국 내 이슬람 영향권 지역과의 갈등

대체로 태국은 큰 범죄 없이 평화로운 나라로 여겨지지만 빠따니주를 비롯한 얄라*Yala*주, 나라티왓*Narathiwat*주 등 이슬람 영향권 아래 있는 지역들의 현실은 조금 다르다. 태국으로부터의 분리 독립을 위한 움직임이 계속되고 있지만 상황은 여의치 않다.

첫 충돌은 일본이 패망해 떠난 후인 1948년 2월, 태국과 말레이시아 국경 지역인 캄풍 레삽*Kampung Resab*에서 경찰과 무슬림 간에 일어났다. 경찰들만 8명이 죽은 혼란의 정국 속에서 같은 해 4월 피분송크람이 다시 총리에 올랐다.

종전 후 태국을 통합시켜야 했던 피분은 태국으로부터 분리를 요구하는 이들 지역에 강경책을 폈다. 빠따니주의 무슬림 지도자가 이슬람 율법을 도입하고 말레이어를 쓰겠다고 요청하자 그들을 강경 진압해 400명의 무슬림과 태국 경찰관 30여 명이 사망하는 일이 일어났으며, 상황이 심각해지자 계엄령을 선포하기까지 했다. 정치적으로 풀지 못한 인종과 종교, 문화의 갈등은 이후에도 계속 이어져 오고 있다. 2004년부터 2015년까지 6,500여 명이 사망하고, 1만 2,000여 명이 다치는 등 분리주의 세력과의 갈등 해소의 길은 요원하기만 하다.

민간신앙에서 시작된 토지신 사당, 싼프라품

태국 방콕의 백화점 입구에는 싼프라품*San Phra Phum*이라 불리는 작은 사당이 있다. 태국어로 싼*San*은 '사당'이라는 뜻이고 프라품*Phra Phum*은 '지역의 신'이라는 뜻이다. 따라서 '토지신의 사당' 정도로 해석할 수 있다. 싼프라품 문화는 태국뿐만 아니라 베트남, 캄보디아, 라오스, 말레이시아, 인도네시아와 같은 동남아시아에서 많이 볼 수 있다. 나무에 소원을 비는 우리나라 풍습과도 비슷하다.

태국이 불교 국가라서 이 사당도 불교의 영향일 것으로 생각할 수 있겠지만 이 사당은 힌두교와 샤머니즘의 영향을 받은 것이다. 일반적으로 나쁜 일이 일어나지 않게 해달라는 목적으

● 토지신 사당, 싼프라품

● 싼프라품 앞에서 기도하는 모습

로 지으며, 큰 공사를 하는 경우 사고가 나지 않게 해달라는 기원의 의미로 짓기도 한다. 방콕의 유명 백화점이나 유명 호텔에 싼프라품이 많이 보이는 이유다. 싼프라품으로 가장 유명한 장소는 방콕의 에라완 사당*Erawan Shrine*이다. 방콕 시내 한가운데 하얏트 에라완 호텔 옆에 있다.

싼프라품을 가만히 살펴보자. 향이 피워져 있고 각종 꽃으로 꾸며 놓았으며 다양한 과일이 놓여 있다. 한 가지 독특한 점은 빨간색 딸기 맛 환타에 빨대를 꽂아 놓는 경우가 많다는 것이다. 이는 현대로 오면서 제물을 바치던 오래전 풍습이 음료수로 바뀐 것이다.

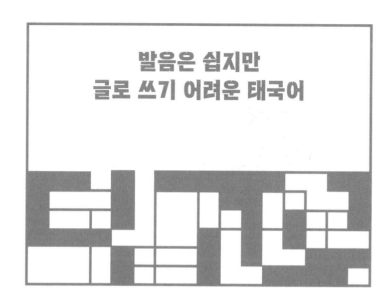

발음은 쉽지만
글로 쓰기 어려운 태국어

남성과 여성이 말의 끝을 다르게 쓰는 태국어

태국어는 소리를 기호로 나타
내는 표음문자이다. 13세기 태
국 수코타이 왕국의 3대 왕인 람
캉행 대왕*Ramkhamhaeng*이 크메르
문자를 바탕으로 태국어의 음운
구조를 창제했다. 44개의 자음
과 32개의 모음으로 구성된 태

ก ข ฃ ค ต ฆ ง จ
ฉ ช ซ ฌ ญ ฎ ฏ ฐ
ฑ ฒ ณ ด ต ถ ท ธ
น บ ป ผ ฝ พ ฟ ภ
ม ย ร ล ว ศ ษ ส
ห ฬ อ ฮ

● 태국어 자음

국어는 성조를 5개로 구분한 언어라서 단어를 외울 때 5성으
로 나누어 외워야 한다. 중국어의 4성에 하나가 더 더해진 구

● 태국어 간판

조다. 덕분에 중국어를 구사하는 사람은 태국어 발음을 조금 더 빠르게 이해할 수 있다. 5개 성조는 보통의 음높이로 이야기하는 평성, 낮은 음높이로 이야기하는 저성, 높은 음높이에서 내리는 하성, 높은 음높이에서 조금 더 올리는 고성, 낮은 음높이에서 올리면서 발음하는 상성까지 있다.

그럼에도 태국어로 간단한 회화를 외워 말하는 것은 크게 어렵지 않다. 몇 가지 표현만 알아도 풍성한 태국 여행을 즐길

태국어 기본 인사말

구분	남성	여성
안녕하세요.	싸와디캅	싸와디 카
죄송합니다.	커톳캅	커톳카
고맙습니다.	컵쿤캅	컵쿤카
괜찮습니다.	마이 뺀 라이 캅	마이 뺀 라이 카
이름이 뭐예요?	쿤 츠 아라이 캅	쿤 츠 아라이 카
제 이름은 ○○○입니다.	폼 츠 ○○○캅	디찬 츠 ○○○카
계산해 주세요.	첵빈 너 캅	첵빈 너 카
고수 빼주세요.	마이 싸이 팍치 캅	마이 싸이 팍치 카
얼마예요?	타올라이 캅	타올라이 카

수 있다. 태국어는 남성과 여성의 대답이 조금 다르다. 남성은 말의 끝에 '캅'을 쓰고, 여성은 끝에 '카'를 사용한다. 이는 일상의 모든 순간에 사용된다. 예를 들어 전화를 받을 때 태국인들은 흔히 영어의 'hello'를 섞어 '할로 캅'이라고 한다. 현지에서 전화를 받을 때나 긍정의 의사를 표현할 때 'Yes, sir' 정도로 번역할 수 있는 '캅폼'도 자주 쓰인다.

말하기는 쉽지만 글로 쓰기는 어려운 태국어

태국어는 외워 말하기는 쉽지만 글로 쓰기는 어렵다. 문장이 끝나기 전까지 띄어쓰기가 없고 영어처럼 '주어+동사+목적어'의 문장 구조인 데다 명사 뒤에 형용사가 오는 게 일반적이라 생소하기 그지없다. 즉 '하얀 코끼리'가 아니라 '코끼리 하얀'처럼 형용사가 뒤에서 수식하는 형태이다. 또한 자음과 모음이 76개나 되고 숫자 또한 표기를 따로 외워야 한다.

한국어를 배울 때도 그렇지만 태국어를 처음 배우는 사람도 받아쓰기 노트에 글자를 따라 쓰며 배운다. 이때 글자 쓰는 법을 가만히 보면 글자를 구성하는 모양 중 원을 처음으로 하여 선으로 마무리를 짓는데 이러한 이유로 원과 선의 예술이라 표현한다. 잘 쓰인 태국 문서는 외국인이 보았을 때 예술처럼 느껴진다.

　태국어의 특성을 고려해 보았을 때, 짧은 여행을 위해 학습하기에는 부담스럽다. 물건을 사거나 주문할 때 자주 사용하는 숫자 표현 정도만 간단히 배워보자. 가장 쉽게 외울 수 있는 숫자는 3과 10이다. 3은 '쌈', 10은 '씹'이라고 한다.

　된소리인 것만 빼면 태국어는 한국어 발음과 매우 비슷하다. 태국인들의 SNS나 TV 예능 자막에 자주 등장하는 '555'는 발음하면 '하하하'인데, 웃음소리인 '하하하'의 의미가 있다. 우리말로 하면 'ㅋㅋㅋ' 정도의 느낌이다. 태국인들이 주로 좋아하는 숫자는 '9(까오)'이다. 태국어로 '나아가다, 발전하다'를 뜻하는 말이 바로 '까우나'라서 그런 듯하다.

태국어 숫자 표현

숫자	태국어	한글 발음	영어식발음
0	๐	쑨	sun
1	๑	능	nueng
2	๒	썽	song
3	๓	쌈	sam
4	๔	씨	si
5	๕	하	ha
6	๖	혹	hok
7	๗	쨋	chet
8	๘	뺏	paet
9	๙	까오	kao
10	๑๐	씹	sip

함께 생각하고 토론하기

태국은 불교의 나라입니다. 전 국민의 약 93%가 불교를 믿습니다. 불교는 태국 사회의 근간을 지탱하는 기반입니다. 기타 종교로 이슬람교 5%, 기독교 2% 등이 있습니다. 그러나, 종교 간의 자유를 보장하고 조화를 이루는 사회를 위해 1997년에는 국교를 없앴습니다.

● 한 사회에 다양한 종교가 함께 조화를 이루는 것이 좋을까요? 아니면 태국처럼 하나의 종교로 사회가 통합되는 것이 좋을까요?

●● 행정안전부 통계에 따르면 우리나라에 거주하는 외국인 숫자는 2023년 말 기준으로 226만 명에 이르며, 이는 총인구 대비 4.4% 수준입니다. 출산율 감소, 노동력 부족 등으로 앞으로도 이민자는 계속 늘어날 것으로 예상됩니다. 이와 함께 종교적 다양성도 더 확대될 텐데, 우리는 어떤 준비를 해야 할까요?

함께 생각하고 토론하기

태국 제1의 도시인 방콕의 인구는 주변 수도권을 포함해 약 1,100만 명에 이릅니다. 그런데 두 번째 도시인 사뭇쁘라칸의 인구는 약 40만 명 수준에 불과하고, 치앙마이 등 주요 도시도 20만 명에 불과합니다. 수도권에 인구가 집중되어 있지요.

● 대도시는 영어로 메트로폴리탄 시티*Metropolitan City*이며, 인구가 많고 정치·경제·문화의 중심이 되는 도시를 뜻합니다. 서울 및 수도권 또한 전 세계 열 손가락에 꼽힐 정도로 인구 및 인프라가 집중되어 있고 지방과의 격차가 큰 상황입니다. 이러한 현상을 해소하려면 어떠한 노력이 필요할까요?

●● 많은 인구가 도시에 집중되어 살게 되면 장점도 있지만, 교통량이 증가함에 따라 교통 혼잡과 대기 오염이 발생할 수 있습니다. 이러한 점을 해결하기 위한 방법에는 어떤 것이 있을까요?

2부

태국 사람들의
이모저모

좋은 사람은 다른 사람을 좋게 만들 수 있습니다.

이는 선함이 사회에서 선함을 이끌어낸다는 것을 의미합니다.

A good person can make another person good;

it means that goodness will elicit goodness in the society.

– 짜끄리 왕조 라마 9세 국왕 푸미폰 아둔야뎃

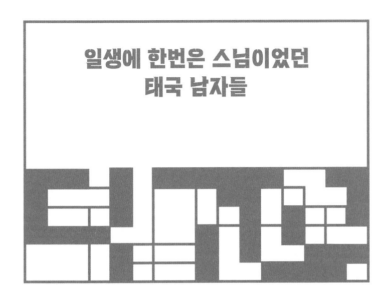

일생에 한번은 스님이었던 태국 남자들

불교의 나라 태국은 인구의 93% 이상이 불교 신자이며 불교 사원이 태국 전역에 퍼져 있다. 왕궁의 내부에서도 강가 주변에서도 산 위에서도 사원을 마주할 수 있으며, 아름다운 사원의 모습은 태국의 전반적인 이미지를 떠올리게 한다.

태국에서 이른 아침에 도로를 나가 보면 탁발하는 승려를 만날 수 있다. 맨발의 승려가 이른 아침 음식 그릇인 발우를 들고 공양하는 모습이다. 이를 가만히 지켜보면 승려를 대하는 예의 있는 모습에 엄숙함을, 손수 준비한 음식을 전달하는 모습에서 태국 국민의 따뜻함이 느껴진다. 도시보다는 시골 마을로 내려갈수록 아침 공양을 쉽게 볼 수 있다. 공양된 물품 중에 일부는 다시 가난한 사람들과 나눈다고 한다.

태국 남자들은 일생에 한 번 출가하여 수도승이 되는 기간을 가진다. 대부분 20~30대에 1주일에서 3개월 정도 수련하는데, 1년 중 우기인 완 카오판사Wan Khao Phansa에 시작해서 완 억판사Wan Ok Phansa 까지 3개월 동안 하는 것이 일반적이다. 일반적이다. 여기서 완Wan이라는 단어는 '날'이라는 뜻이다.

카오판사 기념일은 석가모니 최초 설법일Asalha Bucha Day 다음날 진행되며 매년 날짜가 바뀌지만 약 7월 중순에 있다. 판사Phansa는 '우기'라는 뜻으로 완 카오판사는 '우기가 시작되는 날', 완 억판사는 '우기가 끝나는 날'이라는 뜻이다. 우기에 탁발을 나가면 농민들이 공양에 불편함을 느낄 수 있으므로 우기가 끝날 때까지 나가지 않고 절에서 내부 수양을 하는 풍습이 있다.

완 억판사는 우기가 끝나는 날이자 수행이 끝나는 날이라서 꽤 떠들썩한 파티가 열린다. 때로는 우기가 아닌 부모님 사망 이후에 수도승 기간을 갖기도 하는데, 불문에 입문하면 망인을 좋은 곳으로 인도할 수 있다고 믿기 때문이다.

사회와 격리된 수도승 기간에는 경제활동을 할 수 없으며 매일 수도승의 자세로 자기 자신을 바라보는 생활을 한다. 먹는 것도 사람들이 절로 가져다주는 음식으로만 엄격히 제한하며 그마저도 정오부터 다음 날 새벽까지는 씹는 음식이 금지된

● 수도승으로 들어가기 전 가족과 찍은 사진

다. 태국 남자들에게 이 기간은 지금까지 살아온 삶을 돌아보
고 앞으로 살아가야 할 삶의 방향을 찾는 시간이다.

　태국에서 수도승 생활을 해보았다는 것은 한국에서 '군대를
다녀온 남자'라는 이미지와 비슷하다. 단순한 종교적인 행위
가 아닌 엄격한 승려 생활을 통해 성숙한 사람이 된 것으로 여
겨져 사회적으로 중요한 경력으로 인정받는다. 태국 현지 프
로젝트에서 만났던 동료도 회사에 입사 후 수도승 생활을 했
는데, 그 기간을 휴가로 인정해 주었다. 머리와 눈썹까지 모두
밀고 떠난 그 친구가 수도승 생활을 마치고 돌아왔을 때 회사
사람들 모두가 환영해 주었다.

　수도승의 경험은 또 다른 곳에서도 빛을 발한다. 결혼할 때

여자 측 부모는 사위가 수도승 기간을 보냈는지에 따라 호감의 정도를 다르게 느낀다. 남자라면 수도승 기간을 보내야 성숙한 사람이 된 것이라 판단하기 때문이다. 좋은 신랑감의 조건 중 하나라서 태국 남자에게 수도승 기간은 꽤 중요한 문제다.

예비 승려 수계의식에 제공되는 하얀 실, 싸이씬

태국에서 자주 보게 되는 것 중 하나가 하얀색 실로 만든 팔찌를 한 사람들이다. 예비 승려 수계의식에서도 이 싸이 씬*Sai sin*을 제공한다. 우리에게는 2021년 개봉한 태국 영화 〈랑종*Rang Zong*〉을 통해 조금 더 알려졌다.

절에 가면 승려들이 축원하며 손목에 싸이 씬을 묶어준다. 집안의 어른들은 절에서 싸이 씬을 받아서 자녀나 손자들에게 묶어주기도 한다. 대체 왜 이런 행위를 하는 것일까?

싸이 씬은 태국의 오래된 전통 의식이다. 위험으로부터 보호하고 건강과 복을 빌어주는 행위이다. 태국인들이 신성하게 여기는 장례에서도 싸이 씬을 활용한 의식을 거행한다. 고인의 주변을 싸이 씬으로 몇 회 원 모양으로 놓은 뒤 불교 경전을 암송하는데, 이를 통해 악령의 침입을 방지한다고 여긴다. 또한 태국 사람들은 이 실을 통해 영혼과 연결된다고 생각한다. 승려들은 부처님과 자신을 연결해준다고 믿는다. 싸이 씬은 약간 느슨하게 팔에 묶는데, 이를 일부러 제거해서는 안 된다. 3~4일 정도 차고 다니며 자연스럽게 풀어지도록 둬야 한다.

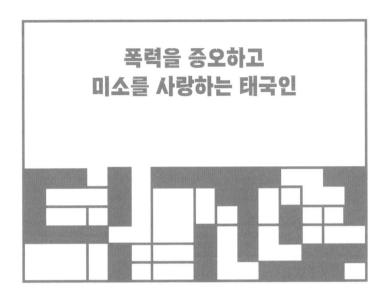

폭력을 증오하고
미소를 사랑하는 태국인

태국에서 흔히 쓰는 말 중에 '마이 뺀 라이*Mai Pen Rai*'가 있다. '괜찮습니다'라는 뜻이다. '사눅 마이?*Sanuk Mai?*'라는 말도 있다. 사눅은 '잔잔한 즐거움'을 의미하고, '사눅 마이?'는 지금 이 순간이 즐거운지 물어보는 표현이다. 태국인의 일상을 관통하는 말이자 그들의 여유 있는 삶의 태도를 느끼게 하는 말이다.

태국 사람들이 낙천적인 이유에는 여러 설이 있다. 강렬한 햇빛으로 세로토닌이 많이 분비된 덕분이라고도 하고, 계층 간의 이동이 사실상 가로막힌 사회 구조에서 현재를 체념하게 되면서 '사눅'이 뿌리내린 것이라는 분석도 있다. 어느 게 맞는 말인진 모르겠지만 태국 사람들은 자신의 운명을 받아들이며 부정적인 생각을 최소화하려 노력한다.

태국인에게 사눅이 결여된 일은 천박하고 가치 없는 일이다. 삶은 기본적으로 재미있어야 하며 그것을 이상적인 삶이라 여긴다. 사눅의 존재가 타인과 좋은 관계를 유지하고 사회를 더 건전한 곳으로 만든다고 믿는다. 삶에 대한 이런 태도 때문인지 태국 사람들에게는 특유의 여유가 느껴진다.

태국은 '천 가지 미소의 나라'라는 별명이 있다. 우리가 흔히 생각하는 미소의 범주를 초월한다. 미소가 일상다반사라고 해도 과언이 아니다. 태국 문화에 대해 저술한《타이인과 함께 일하기*Working with the Thais*》를 보면 태국인의 미소를 눈물의 미소, 인사의 미소, 칭찬의 미소, 억지 미소, 전략적 미소, 슬픈 미소 등 13가지로 소개하고 있다. 억지 미소는 괴로운 상황에서 애써 지어 보이는 미소, 예를 들어 상사로부터 질책을 듣는 순간 짓는 미소이다. 슬픈 미소는 우울할 때 역설적으로 짓는 미소이다. 이처럼 딱히 유쾌한 상황이 아닐 때조차 미소를 짓는다는 점 때문에 미소의 의도를

● 미소가 아름다운 태국 소녀

파악하기 어려운 경우가 많다.

그러므로 예상치 못한 그들의 미소에 당황하거나 오해하지 말자. 태국 사람들은 미소로 '땡큐'와 '플리즈'를 대신한다. 그들은 반가운 상황뿐 아니라 실수를 저질렀거나 황당한 일을 당한 경우에도 웃는다. 혹여 태국인이 발을 밟고서도 미소를 짓더라도 흥분하지 말지어다. 미소로서 진심 어린 사과를 한 것이다. 새치기도 마찬가지다. 십중팔구 새치기한 사람에게 고함을 지르기보다 서로 미소를 주고받는 선에서 상황이 일단락될 것이다.

갈등을 피하는 냉정한 마음, 짜이 옌

태국 사람들이 한국의 '빨리빨리' 문화를 목격한다면 상당히 놀랄 것이다. 그들의 성향과 대척점에 있기 때문이다. 그들의 마음에는 '짜이 옌Jai Yen'이 자리 잡고 있다. 짜이는 '마음'을 뜻하고 옌은 '차갑다'는 의미이다. 즉 태국인들은 일상에서 짜이 옌(냉정함)을 유지하고 느긋함을 갖는다. 쉽게 판단하고 행동하기보다 충분히 여유를 갖고 고민한 다음 실행한다. 타인과의 충돌을 줄이는 방향으로 부드럽게 상황을 풀어간다. 그렇기에 태국 사람들은 성격이 급한 사람, 불같은 성격의 사람은 수양이 덜 된 사람으로 여긴다. 조급하고 불같은 마음을 '짜이

구분	의미
만짜이	자신감, 자신이 있다
퍼짜이	만족감, 만족하다.
땅짜이	뜻을 세우다.
옷짜이	참다.
품짜이	자랑스럽다.
쁘림짜이	기쁨이 넘치다, 의기양양하다.
싸머짜이	마음을 합하다, 같은 마음을 가지다
크러앙짜이	마음 속으로 화를 내다.

'짜이'는 태국어를 이해하는 데 기본이 되는 단어로 일상에서 보편적으로 사용된다. 위 단어는 태국인들이 많이 쓰는 주요 표현이다.

론*Jai lon*'이라고 한다.

이런 이유로 태국인을 상대로 비즈니스 할 때 단도직입적으로 진행하는 것은 도움이 되지 않는다. 신속하고 깔끔하게 일을 처리했다는 생각은 나만의 착각이다. 태국은 짜이 엔 문화가 사회 저변에 깔려 있어 비즈니스 시 태국 측 파트너를 무리하게 독촉해서는 잘 될 일도 그르칠 수 있다. 운전하는 경우에도 짜이 엔의 마음가짐이 필요하다. 태국 사람들은 운전 중 절대로 경적을 울리지 않는다. 교통 체증이 많은 한국에선 앞 차가 조금만 늦게 가도 경적을 울리기 일쑤인데, 태국은 경적을 울리면 앞 차가 놀랄 수 있으니 불빛을 깜빡여 신호를 주는 방법을 사용하도록 하자.

상대방을 존중하는 인사법, 와이

와이*wai*는 기도하듯 손을 모은 채 합장하는 인사법으로 인도인이 "나마스떼*namaste*" 하며 손을 모으는 것과 유사하다. 미얀마에서 "망갈라바*mingalaba*"라고 말하며 합장하는 것과도 닮았다. 나마스떼는 '당신을 존경합니다'라는 의미를, 밍갈라바는 '축복입니다, 행복입니다'라는 의미가 있다.

와이는 상대를 나와 동등한 인격체로 존중하는 것을 뜻한다. 고개를 숙일수록 손을 얼굴 위로 높게 들수록 상대에게 더 큰 존경을 나타낸다. 평상시의 인사뿐 아니라 감사를 표하거나 사과할 때도 흔히 사용한다. 태국도 우리처럼 아랫사람이 윗어른에게 먼저 인사를 드리고 연장자가 답례 인사를 하는 게 예의다. 또한 신분이 낮은 사람이 신분이 높은 사람에게 먼저 와이를 한다. 태국 사회는 왕족, 승려, 일반 국민으로 계층이 구분되어 있다.

와이의 자세는 두 손을 모아 엄지손가락은 턱 끝부분에, 검지손가락은 코끝에 닿도록 한 자세에서 고개를 조금만 숙이면 된다. 스님에게 인사할 때는 자세를 낮추고 손을 올려 인사하는데 엄지손가락은 눈썹에, 검지손가락은 이마에 대고 허리와 땅이 수평이 될 만큼 90도로 숙인다. 다만 상대가 부담을 느낄 수도 있으니 손을 너무 높이지는 않는 게 좋다.

와이를 하면 거의 모든 태국인이 반가운 표정으로 흔쾌히 답할 것이다. 와이를 받았을 때 답례 인사를 '랍와이'라고 한다. 우리 같은 이방인이 태국인에게 '사와디 캅(안녕하세요)' 하면서 와이나 랍와이를 한다면 그들은 매우 기뻐할 것이다.

태국의 교육,
교복은 대학생의 상징

태국의 교육제도는 한국과 마찬가지로 초등학교 6년, 중학교 3년, 고등학교 3년을 보내고 대학교에 진학하는 형태이다. 1학기는 가장 더운 4월 이후 5월부터 9월까지이며, 2학기는 11월부터 2월까지이다. 공립이든 사립이든 학생들은 의무적으로 교복을 착용해야 한다.

한국을 닮은 교육열, 명문대 중심의 서열화

태국 사회의 교육열은 매우 높다. 유네스코 2021년 통계에 따르면 태국의 대학 진학률은 50% 수준에 이른다. 이는 동남아시아 11개국 중 싱가포르 다음이다. 그다음이 인도네시아, 말레이시아로 41% 수준이며, 베트남과 필리핀 등이 그 뒤를 잇는다. 1인당 GDP가 태국이 6,900달러이고 말레이시아가 1만 2,000달러 수준임을 고려하면(월드뱅크 2022년 통계) 태국의 대학 진학률은 꽤 높은 편이다.

태국에는 한국의 사회적 풍토와 유사한 면이 있다. 같은 대학 동문끼리 서로 끌어주고 좋은 대학에 들어가면 계층을 이동할 기회가 열린다. 태국에는 170여 개에 이르는 대학이 있는데, 쭐랄롱꼰 대학Chulalongkorn University과 같은 명문대를 중심으로 서열화되어 있다. 쭐랄롱꼰 대학은 정치, 경제, 사회 전 분야에서 개혁을 이끌고 서구 세력의 침략을 되레 개방정책으로 지켜냈던 왕인 라마 5세의 이름에서 따왔다. 우리나라의 서울대학교에 해당한다. 그다음으로 왕궁 가까이 위치한 탐마삿 대학Thammasat University과 태국에서 가장 큰 규모의 종합대학인 까셋삿 대학Kasetsart University 등이 뒤를 잇는다.

태국 대학 진학의 특성 중 하나는 입학 사정 제도가 복잡하다는 점이다. 내신과 수능 점수 수준으로 끊어서 가는 게 아니라 대학별, 그 대학 내에서도 특정 과별로 전형이 다양하다. 내신 성적, 국가시험을 비롯해 여러 요구하는 바를 철저히 준비해야 하는 탓에 다양한 형태의 학원과 과외가 성행한다. 중산층, 상류층 학생들이 좋은 대학에 입학할 확률이 더 유리한 환경이다.

여기에 더해 경제적 여유가 있는 집의 학생들은 영국, 미국, 호주 등 영어권 대학으로 유학을 가는 경우가 많다. 하지만 태국인들의 영어 실력은 주변 동남아시아 국가와 비교해 낮은 편이다. 스위스계 교육기관인 에듀케이션 퍼스트에서 2023년 전 세계 113개국을 대상으로 영어 능력을 평가했는데, 태국은 아주 낮은 수준인 101위를 차지했다. 참고로 우리나라는 49위였다. 그래서 영어 경쟁력을 갖추면 태국에 진출한 외국계 기업을 비롯해 태국의 글로벌기업에서 일할 기회가 많아진다.

이는 경제 분야뿐 아니라 최근 태국 사회에 새로운 돌풍을 일으킨 젊은 정치 지도자들을 보아도 이를 알 수 있다. 전진당 대표인 피타 림짜른랏은 태국의 탐마삿 대학교에서 금융을 전공한 뒤 하버드와 MIT에서 석사를 취득했고, 미래전진당 대표인 타나톤 쫑룽르앙낏은 영국의 노팅엄대학과 뉴욕대학교 MBA를 나온 수재이다.

태국은 대학생도 교복을 입는다

태국의 대학생은 어떤 옷을 입고 다닐까? 그 답은 방콕 시내 대학교 근처를 가보면 알 수 있다. 한국과는 달리 태국 대학생은 교복을 입는다. 남학생은 흰색 셔츠에 검은색 긴 바지, 여학생은 흰색 반소매 셔츠에 검은색 주름치마 또는 일자 치

ชุดเครื่องแบบปกติ   CHULA a bit more อีกนิดเพื่อจุฬาฯ

อนุรักษ์ภาพ : www.sa.chula.ac.th

● 쭐랄롱꼰 대학교 교복

마를 입고 있다. 성 소수자 학생에게는 치마와 바지 중 어느 것
을 입어도 허용해 준다.

교복 디자인은 대학교마다 크게 다르지 않다. 흰색 셔츠에
검은 바지 또는 치마이다. 차이가 있다면 허리띠에 새겨진 학
교 문양, 학교마다 다른 금속 배지, 넥타이에 새겨진 문양 등이
다. 그래서 대다수 대학생이 같은 디자인의 교복을 입고 다니
지만 어느 대학에 다니는지는 쉽게 확인할 수 있다.

태국 대학 교복은 평상시에 입는 교복 스타일과 의례 행사
가 있을 때 입는 교복 스타일이 다르다. 예를 들어 쭐랄롱꼰 대
학의 경우 평상시 남학생은 흰색 셔츠에 검은색 또는 군청색
긴 바지를 입고, 학교 문양이 그려진 넥타이와 학교 문양이 있

는 검은 가죽벨트, 검은 구두, 검은색이나 흑갈색 또는 군청색 양말을 신는다. 반면 행사가 있을 때는 흰색 예식복에 분홍색 깃, 그리고 흰색 긴 바지를 입는다. 한국의 하얀색 해군 정복과 비슷한 스타일이다. 여학생은 평소에는 학교 문양의 단추가 있는 흰색 반소매 셔츠에 검은색이나 군청색 주름치마(또는 일자치마), 대학 로고가 있는 흑갈색 가죽 벨트에 검은 구두를 신지만 행사가 있을 때는 치마 길이가 최소 무릎 밑을 유지해야 한다.

교복 스타일로 대학생과 고등학생의 구별도 가능하다. 남학생의 경우 중고등학생은 교복으로 반바지를 입고, 대학생은 긴 바지를 입는다.

교복을 입고 있다는 의미

방콕 시내에 가면 삼삼오오 교복을 입고 돌아다니는 학생들을 쉽게 볼 수 있다. 학교를 마치면 사복으로 갈아입고 돌아다닐 것 같지만 태국 학생들은 교복을 입은 채로 거리를 활보한다. 야시장의 조그마한 무대 위에서 공연하는 학생도, 피켓을 들고 홍보를 하는 등 대외활동을 하는 학생도 모두 교복을 입고 있다.

또한 태국은 한국의 대학교와는 다르게 학교 주변 몇백 미터 안에 술집이 없다. 성인이 된 대학생도 사복을 입으면 주류

● 교복을 입은 대학생

● [쭐랄롱꼰 대학] 예식 때 입는 교복 ● [쭐랄롱꼰 대학] 평상시 입는 교복

를 구매할 수 있지만 교복을 입고 있으면 술을 살 수 없다. 교복을 입으면 학생의 본분에 맞는 행동을 해야 한다고 생각하기 때문이다.

최근 외국 관광객이 태국 교복을 입고 태국 여행을 하면서 사진을 찍는 경우가 뉴스로 쟁점이 적이 있다. 태국에서 교복을 입고 있다는 것은 각 대학교를 대표하는 학생이라는 의미라서 해당 학교 학생이 아닌 외국인이 교복을 입으면 벌금에 부과될 수 있다. 특히 특정 학교의 로고나 다른 학생 이름이 새겨진 교복을 입게 되면 문제가 더 커질 수 있다. 벌금은 약 1,000밧(약 37,000원) 수준으로 벌금을 받게 될 가능성은 낮지만 태국인이 생각하는 교복의 의미를 존중해야 한다.

또 다른 예로 태국에서 프로젝트를 진행하면서 현지 직원을 뽑기 위해 면접을 진행한 적이 있다. 환경공학 전공자를 모집했는데 최종 면접자 4명 모두가 교복을 입고 면접을 보러 왔다. 지원자 모두 대학 졸업 예정자였다. 학생에게 교복은 면접관에게 보여줄 수 있는 가장 격식을 갖춘 옷이었다.

태국 사람들은 학생이 교복을 입는 것이 사회적인 평등을 보여주는 지표라고 여긴다. 마트 한 코너에는 항상 교복이 진열되어 있는데, 내가 태국에 있을 당시 교복 가격은 셔츠와 바지, 치마 각각 1만 원을 넘지 않는 수준이었다. 가격이 비교적 저렴해 학생이 교복을 입고 있는 동안에는 빈부격차로 인한 위화감이나 차별을 찾기 어렵다.

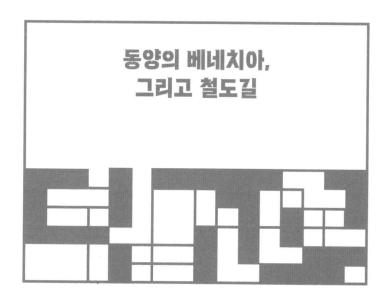

동양의 베네치아, 그리고 철도길

태국은 탈 것이 다양하다. 하천과 운하가 발달하여 강에는 수상택시가 다니고, 태국 북부(또는 북동부)에서부터 남부까지는 철도가 연결되어 있으며, 지하철인 MRT와 지상철인 BTS 스카이 트레인이 있다. 이 밖에 버스, 택시는 물론 트럭을 개조해 만든 썽태우*Songthaew*, 오토바이를 개조해 만든 툭툭*Tuk Tuk*도 빼놓을 수 없다.

수로와 운하가 발달한 동양의 베네치아

수로와 운하가 발달한 방콕은 동양의 베네치아로 불린다.

태국 북쪽인 치앙마이에서부터 내려오는 핑강*Ping River*과 태국 북동쪽 난 지역에서부터 내려오는 난강*Nan River*이 방콕에서 250km 북쪽에 위치한 나콘사완*Nakhon Sawan*에서 만나 짜오프라야강*Chao Phraya River*을 이루는데, 방콕은 짜오프라야강을 통해 타이만으로 나가기 전 물자가 모이는 중심지이다. 태국의 북쪽과 북동쪽 물자뿐만 아니라 중부의 쌀가마 및 과일도 강을 통해 이동된다. 대규모 물자가 모이는 곳이다 보니 방콕은 교통 및 물자의 중심지가 되었다.

짜오프라야강을 중심으로 수로와 운하가 발달하기 시작하자 1782년 라마 1세 때 태국은 수도를 방콕으로 이전했다. 이 중 첫 번째 구는 프라나콘*Phra Nakhon*으로 예전에는 라따나꼬신*Rattanakosin*으로 불렸으며 왕궁을 비롯해 주요 사원들이 모여 있다. 라따나꼬신 지역에 방어를 위한 운하가 추가로 건설되었고 주변 지역으로 확장되어 갔다. 운하는 사람과 물자를 운반하는 중요한 길이 되었고, 운하를 따라 사람들의 생활 반경도 커졌다. 물의 길을 따라 방콕의 중심이 발전되자 사람들도 모여들기 시작했다.

수로와 운하가 발달했던 방콕은 1970년대부터 변화가 시작되었다. 운하를 메우고 자동차 도로가 지어지는 도시 정비가 시작된 것이다. 메워진 운하 자리는 자동차 도로가 되었고, 특히 방콕 중심에 있는 룸피니 공원 근처 실롬과 수쿰빗 지역에는 대형 빌딩이 들어섰다. 현재 수상교통은 왕궁과 사원이 있

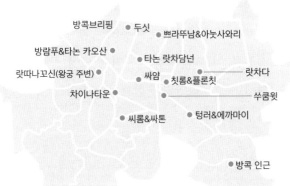

방콕브리핑
두싯
쁘라뚜남&아눗사와리
방람푸&타논 카오산
타논 랏차담넌
랏따나꼬신(왕궁 주변)
싸얌
칫롬&플론칫
랏차다
차이나타운
쑤쿰윗
씨롬&싸톤
텅러&에까마이
방콕 인근

● 방콕의 주요 지역

● 방콕 쌘쎕라인 수상택시

는 라따나꼬신 지역을 중심으로 짜오프라야강을 따라 아이콘 시암, 아시안티크까지 남북으로 이동하는 관광지 중심의 정기 수상택시가 주를 이룬다. 출퇴근 지역에 도심 곳곳을 누비며 지나가는 쌘쌥*Saen Saep*라인의 수상택시도 방콕을 여전히 동양 의 베네치아로 느끼게 한다.

태국 주변 국가와 연결된 철도길

1894년 방콕과 방콕 북쪽의 도시인 아유타야*Ayuthaya* 간에 최초의 철도가 개통했고, 이후 여섯 개의 주요 노선이 생겼다. 방콕에서 치앙마이까지의 북쪽 노선, 방콕에서 말레이시아 국 경 근처 도시인 숭아이 콜록*Sungai Kolok*까지의 남쪽 노선, 방콕 에서 라용 지역인 마타풋*Map Ta Phut* 또는 캄보디아 국경 도시 인 아란야프라텟*Aranyaprathet*으로 이어진 동쪽 노선, 방콕에서 우본라차타니*Ubon Ratchathani* 또는 라오스 국경 도시인 농카이 *Nong Khai*까지의 북동쪽 노선, 방콕 근교에 있으며 기찻길 시 장으로 유명한 매끌렁*Mae Klong* 노선, 마지막으로 깐짜나부리 *Kanchanaburi*에 위치하며 데스 레일 로드로 알려진 역사적인 기 차길 노선이다. 130년의 긴 역사 동안 태국 철도는 계속 확장 되었고 인접 국가로 이동하기 위한 수단이 되었다.

태국 철도는 완행열차, 급행열차, 특급열차로 등급이 나뉘

● 깐짜나부리 철도길

며, 등급에 따라 좌석 칸의 구조나 시설이 다르다. 완행열차는 대부분 나무 좌석에 선풍기가 설치되어 있다. 급행열차는 커튼으로 가리는 정도의 2층 침대칸이 있으며 선풍기 또는 에어컨이 설치되어 있다. 북쪽의 치앙마이, 라오스 국경 도시인 농카이, 말레이시아 국경 도시인 숭아이 콜록으로 이동하는 장거리 노선에는 특급열차가 있다. 개인적인 공간 구분이 된 침대칸과 에어컨이 설치되어 있어 쾌적하게 장거리 이동을 할 수 있다.

2차 세계대전을 배경으로 한 〈콰이강의 다리〉라는 영화가 있다. 일본군이 태국과 미얀마 사이에 전략 물자 보급로를 위해 철도를 만드는 내용으로 전쟁의 허무함을 알려주는 영화인데, 이 영화의 배경이 태국 서쪽에 있는 깐짜나부리라는 도시이다. 전쟁 때 폭파되었던 콰이강의 다리가 재건된 이곳은 수십만 전쟁 포로가 동원되어 400km 이상의 철도를 만들면서 수많은 희생자가 발생한 가슴 아픈 역사의 현장이다.

방콕의 BTS, 스카이 트레인

태국 방콕에도 BTS가 있다. 방콕 매스 트랜짓 시스템*Bangkok mass Transit System*을 줄여서 부르는 BTS이다. 워낙 교통 체증이 심해 교통난을 해소하기 위해 만든 지상철이다. 방콕 내에서의 이동은 택시가 아닌 BTS를 타는 게 빠르다.

BTS는 방콕 곳곳으로 연결되어 있으며 현재도 확장되고 있

● 방콕의 지상철, BTS

다. 방콕의 북쪽부터 남동쪽으로 연결된 수쿰빗*Sukhumvit* 라인과 방콕 서쪽에서 시작하여 중심부로 오는 실롬*Silom* 라인을 중심으로 1999년 첫 운행이 시작되었으며, 현재는 방콕 주요 지점을 포함하여 62개 역, 약 70km가 개통되어 있다.

BTS 승강장은 대부분 3층에 있는데 지상에서 승강장까지 높이가 꽤 된다. 이것이 의외의 장점인데, BTS 창문을 통해 아래를 내려다보면 걸어 다닐 땐 볼 수 없는 의외의 방콕을 만날 수 있다.

썽태우, 툭툭, 랍짱

태국의 많은 교통수단 중에서도 썽태우, 툭툭, 랍짱*Motorcycle rapchang*은 태국을 상징한다고 할 수 있다.

썽태우는 일반 트럭을 개조해서 사람이 탈 수 있게 만든 이동 수단으로 등하굣길 학생들이나 가까운 거리로 이동하는 지역주민이 주로 이용한다. 트럭 뒤에 지붕을 씌우고 두 열이 서로 마주 보게 좌석을 배치했으며 철제 프레임을 설치해 손잡이 역할을 하게 했다. 일부 대도시에서는 노선에 따라 운행되지만 관광지에서는 한 대를 통째로 대여해 이동하기도 한다. 썽태우를 타려면 썽태우가 보일 때 손을 흔들면 된다. 내릴 때는 하차벨을 누르고 조수석으로 가서 교통비를 지불한다.

● 썽태우

● 툭툭

툭툭은 "툭툭"거리는 엔진 소리가 난다고 하여 불리는 교통
수단이다. 오토바이를 개조하여 앞바퀴 한 개, 뒷바퀴 두 개에
지붕을 얹은 삼륜차이다. 운전기사를 제외하고 뒷좌석에 두 명
이 탈 수 있다. 태국 여행의 상징과도 같은 탈 것이며 주로 방
콕, 치앙마이, 아유타야 같은 도시에서 볼 수 있다.

오토바이 택시인 랍짱은 '모터싸이 랍짱'을 줄여서 부르는
말이다. 모터싸이는 '오토바이'의 태국 발음이며 랍짱은 '운전
사'를 가리킨다. 시내를 다니다 보면 화려한 조끼를 입고 오토
바이에서 대기하는 사람을 볼 수 있는데 이들이 랍짱(오토바이
운전사)이다. 주로 도시 내 짧은 구간을 이동할 때 사용하며, 이
용자는 반드시 헬멧을 착용해야 한다. 랍짱이 입고 있는 조끼
뒤에는 각기 다른 색깔과 번호가 적혀 있는데, 한국의 택시 등
록증과 같은 역할을 한다. 또한 조끼 색깔에 따라 손님을 태울
수 있는 구역이 나뉘어져 있다.

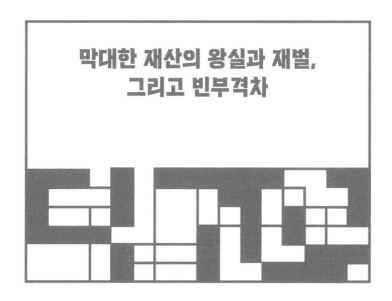

막대한 재산의 왕실과 재벌, 그리고 빈부격차

왕실의 부의 축적과 기업과의 비즈니스

　태국 왕실의 재산은 왕실자산관리국*Crown Property Bureau*에서 80년 넘는 세월을 관리해 왔다. 약 53조 원에 이르는 것으로 파악된다. 이 엄청난 재산은 라마 9세 푸미폰 아둔야뎃 왕에서 라마 10세 마하 와찌랄롱꼰 왕에게 승계되었다. 태국 왕실은 이러한 경제적 뒷받침 하에 정치적으로 막강한 영향력을 행사한다.

　태국 왕실은 전 세계에 내로라할 재벌 기업 못지않다. 제트기, 헬리콥터 등 왕실이 보유한 비행기만 38대에 이른다. 300여 대의 고급 차량과 50대에 달하는 요트도 보유하고 있다. 방콕을 비롯해 태국 전역에 약 6,560만m²의 부동산이 있다. 여의

도의 약 8배 정도에 이르는 엄청난 면적이다. 최고급 호텔인 시암 켐핀스키 호텔*Siam Kempinski Hotel*도 왕실의 소유다.

왕실이 이렇게 어마어마한 부를 축적할 수 있었던 데는 1999년 제정된 「태국의 외국인 사업법」과 밀접한 관련이 있다. 태국은 회사 설립 시 외국인 지분율을 49%로 제한한다. 즉 외국인이 태국에서 사업을 하려면 태국 기업의 지분율을 51%로 해서 파트너십을 맺어야 한다. 수출업, 국제운송사업 등 몇 개 분야를 제외하고는 예외가 없다. 그래서 태국에 진출하려는 해외 사업자들은 신뢰할 수 있는 건실한 태국 기업을 파트너로 삼으려 한다. 사업 파트너가 갑자기 변심하거나 사이가 틀어지기라도 하면 큰일이니 말이다.

이 조건에 가장 적합한 사업적 파트너가 왕실이 소유하거나 지분을 보유한 기업들이다. 왕실이 대주주인 시암시멘트그룹, 시암은행이 대표적이다. 왕실은 이들 기업의 지분을 각각 34%와 24% 정도 보유하고 있다. 이런 비즈니스 과정을 거치다 보니 태국 왕실의 재산은 꾸준히 증가해 오늘날 존재하는 전 세계 왕실 중에 가장 강력한 권한과 영향력을 가진 곳이 되었다.

태국의 빈부격차

태국의 1인당 GDP는 6,910달러로 3,000~4,000달러 수준에 그치는 베트남, 인도네시아, 필리핀보다 훨씬 앞선다. 국가의 총 GDP 또한 세계 30위 수준이며, 이는 동남아시아 국가 중에서 인도네시아 다음이다. 그렇다면 이런 나라에 사는 태국 사람들은 충분히 풍요로운 삶을 살아가고 있을까? 안타깝게도 그렇지 않은 듯하다.

태국은 아시아에서 홍콩에 이어 두 번째로 빈부격차가 심한 나라다. 계층 간의 소득 불균형 정도를 나타내는 지니 계수가 0.43에 이른다(지니 계수는 0에 가까울수록 빈부 차이가 작고 1에 가까울수록 빈부 차이가 크다). 태국은 상위 1% 부자들이 태국 전체 부의 43% 이상을 장악하고 있다. 주변 동남아시아 국가들이 30% 수준인 것과 대비해도 높은 수준이다. 상위 10%가 소유한 부는 태국 전체 부의 75%에 이른다. 주변 국가의 60% 수준을 웃도는 수치다. 태국의 억만장자도 6명인 베트남이나 17명인 말레이시아에 비해 크게 웃도는 30명에 이른다.

이렇게 빈부격차가 큰데도 대부분의 태국인은 문제를 제기하지 않는다. 이러한 사회적 풍토에는 태국 사람들 마음에 깊이 뿌리 내린 '현생은 전생의 업보'라고 생각하는 불교 사상도 한몫한다. 태국 사람들은 상류층과 서민의 세계는 따로 존재하며 서로 섞이지 않는 물과 기름 같은 관계라고 여긴다. 게다가 부자들이 오랜 기간 태국 경제를 성장시키고 사회에 크게 이바지해 왔다는 인식을 갖고 있다.

영화 〈헝거〉로 보는 태국의 빈부격차

● 넷플릭스 영화 〈헝거〉 포스터

태국 사회의 빈부격차를 잘 담아낸 영화가 있다. 2023년 초 넷플릭스에 소개된 태국 영화 〈헝거*Hunger*〉다. 영화는 주인공 '오이'가 유명 셰프로 성장하며 겪는 우여곡절을 그린다.

오이는 작은 마을에서 가족이 운영하는 음식점에서 볶음국수를 팔며 살고 있다. 삶에 큰 문제도 변화도 없는 권태로운 일상이다. 그러던 어느날 한 남자가 음식점을 찾아와 명함을 주며 고급 레스토랑에 스카우트 제의를 하고 이때부터 본격적인 이야기가 전개된다. 오이는 새로운 변화를 원했고 특별해지고 싶어 결국 도시로 향한다.

스카우트 제의를 받은 파인다이닝 레스토랑에서 일을 시작한 오이는 이곳에서 엄격한 기준을 가진, 동시에 악명높은 셰프인 폴을 만난다. 폴의 좌우명은 '배고픔'이다. 자신을 찾는 부자들의 욕망의 허기를 현란한 요리로 채운다. 그의 유명세에 정계와 재계의 유력 인사들은 요리를 맛보기 위해 줄을 선다. 그들은 굽기 정도가 레어라고 하기에도 지나친, 마치 갓 사냥한 것처럼 핏물이 좔좔 흐르는 고기를 먹는다.

사회적 지위를 과시하며 독특한 요리를 추구하는 그들의 모습은 허영과 탐욕의 덩어리다. 영화 초반의 배경이 되는 오이 가족의 소박한 마을 음식점과 대비를 이루며 영화는 태국의 빈부격차 모습을 전면에 드러낸다.

재벌 3세를 봐준 유전무죄 사건이 촉발한 반정부 시위

현생의 삶을 전생의 업보라고 생각해 현실에 수긍하며 사는 사회 풍토에서 2020년 반정부 시위가 일어났다. 그리고 그것은 예기치 않게 한 재벌 3세의 음주 운전 뺑소니 사고에서 시작되었다.

태국은 음료 산업이 발달한 나라다. 에너지 드링크의 효시 격인 레드불*Redbull*도 태국 제약회사인 TC사에서 만들었다. 1962년 찰레오 유위디아*Chaleo Yoovidhya*가 '끄라팅 댕*Krating Daeng*'이란 음료를 개발했는데 태국어로 '붉은 소'를 뜻한다. 들판을 누비는 덩치 큰 야생 들소가 힘과 정력을 상징하는 데서 지은 이름이다. 이 내수용 음료를 1984년 오스트리아인 사업가 디트리히 마테쉬츠*Dietrich Mateschitz*와 손잡고 세계화한 음료가 레드불이다. 현재 레드불은 태국 기업이 51%, 오스트리아 기업이 49%의 지분을 가진 세계적인 음료 브랜드가 되었다.

그런데 2012년 9월 3일 새벽, 태국의 자랑인 레드불의 창업자 손자인 오라윳 유위디아*Vorayuth Yoovidhya*가 방콕 시내에서 술에 취해 고급 외제 차인 페라리를 과속으로 몰다가 근무 중인 경찰관을 쳐 죽고 만 사건이 발생했다. 그런데 문제는 오라윳이 처벌은커녕 보석금을 내고 바로 석방되었다는 것이다. 이후 예정되었던 소환 조사도 잘 이루어지지 않았다. 시간만 질질 끌다가 2020년 7월 불기소로 판결 났다. 태국인들이 믿고 있는 '모든 일은 나의 업보로 돌아온다'는 카르마의 개념과 정반대의 결과였다.

믿을 수 없는 결과와 부조리함에 많은 사람이 분노했고 여론은 싸늘해졌다. 결국 반정부 시위로 이어졌다. 2014년에 일어난 군부 쿠데타 이후 겪어온 잔혹한 독재 정치의 상황도 시위를 격화하는 데 한몫했다. 오랜 기간 억눌린 감정이 폭발했다. 재벌과 군부 세력뿐 아니라 군주제의 개혁을 요구하는 민주화 항쟁이 일어났다. 독재에 대한 저항을 상징하는 세 손가락 경례가 거리를 뒤덮었다. 수천 명의 사람들이 결집했고 시위는 더욱 격렬해졌다. 하지만 시위 지도부가 왕실 모독죄로 혐의를 받는 등 탄압을 받으면서 2021년 10월 시위는 흐지부지 끝났다. 작은 성과가 있었다면 태국 정부가 레드불 3세 사건에 대한 진상조사위원회를 설치했다는 정도다.

태국의 화폐 종류

태국의 화폐 단위인 밧*Baht*은 무게를 재는 단위에서 기원한다. 1밧당 약 15g의 은전이 통화로 사용되었는데, 이러한 질량 단위가 20세기 들어오면서 태국의 정식 통화로 사용되었다. 밧은 Thailand Baht를 줄여 THB으로 표기를 한다. 현재 환율 기준으로 1밧은 약 37.5원 정도의 화폐 가치를 가진다.

태국 지폐 앞면에는 짜끄리 왕조 라마 10세로 재위 중인 현 국왕 마하 와찌랄롱꼰 왕의 모습이 모두 그려져 있으며, 뒷면에는 라마 1세부터 라마 10세까지의 왕들이 두 명씩 그려져 있다. 태국 화폐는 2018년에 17번째 도안이 나와서 현재 사용 중이며, 지폐 금액이 커질수록 크기도 점차 커진다.

20밧 국왕 요드파 출라로케와 국왕 르뜰라 납할라이 왕실 초상화

국왕 요드파 출라로케의 본명은 짜오프라야 짜끄리이다. 태국 현 왕조인 짜끄리 왕조의 창시자이며, 톤부리 왕국을 멸망시키고 방콕에 수도를 정하면서 버마의 침공을 막았다. 방콕에 에메랄드 사원을 지었으며, 현재 방콕을 흐르는 강 이름이 짜오프라야 국왕의 이름으로 불린다. 국왕 르뜰라 납할라이는 짜끄리 왕조의 2대 군주다.

50밧 국왕 낭클라오와 국왕 몽꿋 왕실 초상화

국왕 낭클라오는 짜끄리 왕조의 3대 군주다. 국왕 몽꿋은 4대 군주이며, 서양의 개혁을 받아들여 기술과 농업의 현대화를 이끌었다. 태국의 대학 중 킹몽꿋 대학이 이공계 쪽에서 가장 유명한 대학인 이유는 국왕 몽꿋의 업적을 기리기 위함이다.

100밧 국왕 쭐랄롱꼰과 국왕 와치라웃 왕실 초상화

국왕 쭐랄롱꼰은 짜끄리 왕조의 5대 군주다. 노예제를 폐지하고 교통, 사법, 우편, 철도, 행정 등 많은 영역에서 근대화를 이루었다. 밧 화폐를 사용하게 했으며, 쭐랄롱꼰 왕의 이름을 따서 태국 최고의 대학 이름을 지었을 정도로 칭송받는 왕이다. 국왕 와치라웃은 짜끄리 왕조의 6대 군주다.

500밧 국왕 프라차티뽁와 국왕 아난타 마히돈 왕실 초상화

국왕 프라차티뽁은 짜끄리 왕조의 7대 군주다. 최후의 절대 군주이며, 최초의 입헌 군주제 군주다. 국왕 아난타 마히돈은 짜끄리 왕조의 8대 군주다.

1,000밧 국왕 푸미폰 아둔야뎃과 국왕 마하 와찌랄롱꼰 왕실 초상화

국왕 푸미폰 아둔야뎃은 짜끄리 왕조의 9대 군주다. 1946년부터 2016년 서거까지 70년간 집권했다. 그는 태국 사람들에게 가장 사랑받는 왕이었다. 태국 시골의 발전을 위해 많은 힘을 쏟았으며, 정치를 하면서도 중재자의 역할을 많이 했다. 마하 와찌랄롱꼰은 짜끄리 왕조의 10대 군주이며 2016년에 재위했다.

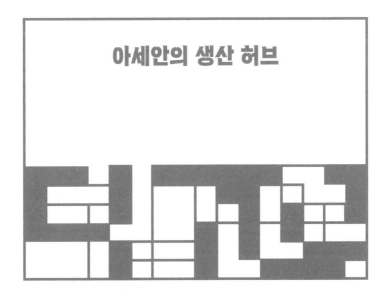

아세안의 생산 허브

태국은 크게 서비스업, 제조업, 농업이 전체 산업의 약 95%를 차지한다. 가장 큰 부분을 차지하는 서비스업은 도소매업과 금융업, 관광업이다. 두 번째로 높은 비중을 차지하는 제조업은 전체 산업의 약 28%이다. 1980년대 후반 외국 자본의 유입으로 태국의 제조업이 급격히 발전했다. 주된 분야는 자동차 생산 및 컴퓨터, 통신 기술 등의 전자 산업이다.

태국은 1950년대에는 농업이 전체 산업의 약 50%를 차지했으나 점차 감소하여 현재는 약 8% 정도이다. 또한 지난 30년 동안 세계 최대의 쌀 수출국이었으나 2013년 인도에 1위 자리를 내준 후로 줄곧 2위를 유지하고 있다. 하지만 농업은 여전히 전체 노동인구의 30% 이상이 종사하는 중요도가 높은 산업이다.

1970년대부터는 개발도상국의 경제적 성장과 사회의 발전을 위한 공적개발원조^{ODA}●가 본격적으로 확대되었다. 이러한 흔적은 태국 산업 곳곳에서 볼 수 있다. 대표적인 사례는 일본의 자동차 기업들이다. 태국의 자동차 시장은 일본산이 태국 차량 전체의 90%를 차지할 만큼 비중이 높다. 도요타, 이스즈, 미쓰비시, 혼다에 이르기까지 일본 브랜드가 상위권을 차지한 태국의 차량 운전 방향이 일본처럼 좌측통행인 것만 보더라도 일본의 영향이 어느 정도인지 짐작할 수 있다.

일본 음식과 관련된 산업도 규모가 크다. 일본 음식은 태국 음식 다음으로 유명하며, 아세안 국가 중 일본 음식을 가장 많이 수입하고 있다. 일본 편의점으로 유명한 세븐일레븐은 태국 전역에 포진해 있다. 2022년 기준으로 1만 4,000여 개에 이르는 점포가 있는데, 이는 일본의 점포 수인 2만 1,000여 개 다음으로 전 세계에서 많은 수의 매장이다. 태국 내에 일식당은 5,300개도 더 넘는다. 진출한 일본 기업 또한 6,000여 개에 이른다.

일본 문화도 태국 내에서는 꽤 유명하다. 일본 애니메이션을

● 선진국에서 개발도상국이나 국제기관에 하는 원조. 공공개발원조·정부개발원조라고도 하며, 증여·차관·배상·기술원조 등의 형태를 갖는다.

● 방콕 내 일본인 거리

포함한 대중문화가 태국 내에 깊숙이 파고들었고 서점에 가보면 태국어로 번역된 많은 일본 만화책을 볼 수 있다. 태국에서는 일본어로 표기된 간판도 많고 일본어를 배우려는 사람도 많다. 방콕의 통로와 프롬퐁 지역은 일본인이 많아 살아 '일본인 거리'로 불린다. BNK 48이라는 아이돌은 일본 아이돌인 AKB 48의 자매 그룹으로 방콕을 중심으로 활동하고 있다. 일본 문화인 J팝의 한 축을 담당하는 아이돌 그룹의 태국 버전이다.

태국은 한류 소비의 중심국이 아니었다. 사실 21세기 초까지만 해도 태국인들은 일본 음식, 콘텐츠, 음악, 패션에 빠져있었다. 일본은 오랜 기간 태국에 투자해 왔고 문화적 교류도 활발했다. 한류가 비집고 들어갈 틈이 보이지 않았다. 하지만 최근 블랙핑크 리사와 BTS 등 세계적인 가수들의 영향으로 한류에 대한 관심이 커졌다. 특히 일반 가정에서 성장해 세계적인 스타 반열에 오른 블랙핑크 리사의 영향이 크다. 리사의 일거수일투족이 화제가 되며 한국 문화도 자연스레 태국인들에게 친숙해졌다.

최근에는 K팝을 중심으로 영화와 드라마를 비롯해 한식, 패션에 관련된 영상 콘텐츠에도 관심이 높아지고 있다. 태국 넷플릭스에서도 한국 콘텐츠가 높은 순위를 차지하는 경우가 많아졌다. 국내에서 인기를 끈 대부분의 드라마는 태국인도 함께 시청하고 있다 해도 과언이 아니다. 음악 프로그램인 〈쇼미더머니〉, 〈너의 목소리가 보여〉를 비롯해 〈슈퍼맨이 돌아왔다〉와 같은 육아 예능에 이르기까지 한국의 인기 프로그램들이 태국판으로 리메이크 제작되어 현지에서 큰 인기를 끌고 있다.

세계 10위의 동남아 자동차 생산기지

1985년 경제 선진국인 미국, 영국, 독일, 프랑스, 일본 5개국이 모여 달러화 가치를 내릴 수 있도록 상호 합의한다는 플라자 합의를 뉴욕 플라자 호텔에서 합의했다. 대규모 무역 적자를 타개할 방법이었던 미국의 의도대로 달러의 가치가 떨어지자 엔화 및 독일 마르크화가 강세가 되었다.

태국은 이 시기를 놓치지 않고 외국 기업에 많은 세제 혜택을 주어 일본을 포함한 외국 자본을 크게 유치했다. 특히 제조업은 생산 거점을 태국으로 옮겨 투자를 진행하는 외국 기업이 많아졌다. 경제 성장이 가파르던 시기였기에 이러한 흐름은 태국의 제조업을 발전시키는 데 큰 역할을 했다.

태국에서 수출을 가장 많이 하는 제조업 분야는 자동차 산업이다. 자동차 생산 규모에서 세계 10위 국가다. 태국의 자동차 산업이 발전한 배경에는 태국 정부의 적극적인 정책과 다른 동남아시아 국가들보다 유리한 산업시설이 있었다. 정부는 법인세 등의 세금을 감면해 주었고 외국 주재원들의 비자 간소화 등의 혜택을 주었다. 산업시설 측면에서 보자면 태국의 자동차 생산 공장이 모여 있는 라용 및 램차방 지역은 항만이 발달해 자동차 수출에 유리할 뿐만 아니라 산업 단지 주변에 부품 공장이 많아 각종 부품 조달이 쉬웠다. 게다가 기술력이 뛰어난 노동력이 점차 늘어나면서 자동차 산업은 더욱 발전했

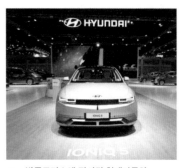

● 방콕모터쇼에 전시된 현대자동차

다. 이 지역에는 도요타, 혼다, 닛산, 이스즈, 미쓰비시 등 일본 자동차 회사뿐만 아니라 제너럴 모터스, 포드, 벤츠, BMW까지 대표적인 글로벌 자동차 브랜드의 생산시설이 있다.

최근 태국 자동차 시장에 주목할 만한 변화가 있다. 바로 우리나라 자동차 회사의 태국 진출이다. 현대자동차는 본격적인 태국 현지 진출을 위해 2023년 4월에 태국법인을 설립하여 기존 일본의 아성에 도전하고 있다. 기아자동차도 2024년 1월 판매 자회사를 태국에 설립하며 태국에서의 활동을 암시하고 있다. 태국 정부가 전기 자동차와 관련하여 법인세 면제와 같은 세제 혜택을 주고 있어 우리나라 자동차 회사들이 불모지였던 태국에서 새로운 도전을 하는 것으로 보인다.

전기가전산업과 석유화학산업이 강점인 태국

태국은 전기전자 부품 생산도 많이 하고 있다. 특히 컴퓨터 관련 부품은 아세안에서 최대 수출국이자 중국 다음으로 하드디스크 드라이브HDD 생산을 담당하는 나라이다. 백색 가전 또

● 석유 산업 단지 - 라용 PPT 그룹 LNG 시설

한 생산이 활발하다.

태국의 석유화학산업은 1970년대부터 발전했다. 1970년대 플라스틱 수요가 증가하자 정부의 주도하에 중화학 공업을 육성했다. 라용 지역을 중심으로 하는 SCG 그룹과 PTT 그룹이 대표적인 중화학 공업의 선두 주자이다. 태국 최대의 석유화학공업 단지인 라용 지역은 마타풋*Map Ta Phut* 항이 별도로 있으나 부족한 공업 단지 확보를 위해 바다를 간척하고 있으며, 유조선을 접안하기 위해 추가 항만시설을 건설하고 있다. 또한 방콕에서 라용까지 고속도로를 건설해 교통망을 확충해가고 있다. 현재는 플라스틱을 정제하는 석유화학산업에서 청정에너지인 액화천연가스*LNG* 시설과 재생 바이오 플라스틱 사업으로 점차 확대하고 있다.

태국을 두고 '아시아의 생산 허브'라고 하는 것은 여전히 유효하다. 제조업의 중심이 되는 자동차 및 컴퓨터 제품들 그리고 석유화학제품에 이르기까지 태국은 여전히 동남아시아의 중심에 서 있다. 하지만 격변하는 시장의 흐름에서 저렴한 노동력을 무기로 덤비는 베트남과 인도 등의 신흥시장에서 살아남으려면 태국의 산업 또한 발맞추어 변화가 필요하다.

태국이 추진하는 12가지 미래 핵심 산업

태국 내 주요 산업과 관련하여 태국 정부는 신흥시장에서 살아남고 선진국 대열에 들어가기 위해 태국 4.0*Thailand 4.0*이라는 산업 육성 정책을 추진하고 있다. 이 정책의 주된 사항은 여러 사회 분야와 산업 영역 전반에 ICT*Information and Communication Technology* 기술을 적용하고 고부가가치 경제로 혁신해 신흥공업국의 함정을 탈출하겠다는 것이다. 다시 말해 다양한 디지털 정보통신기술을 산업 전반에 활용하겠다는 이야기이다.

이와 관련해 2016년부터 12대 미래산업을 선정해 지속 추진해 오고 있다. 크게 First S-Curve와 New S-Curve로 나뉜다. S-Curve은 투자와 개발을 하는 도입기는 완만하게 성장하다가 성장기가 되면 급속도의 성장세를 보이는 상승 곡선 트렌드를 의미한다.

　먼저, First S-Curve는 태국이 이미 경쟁력을 보유한 산업을 육성하는 것이다. 총 다섯 개 영역이 있다. 자동차 산업은 전기차 연구 개발 및 제조를 장려하고 배터리 개발을 위해 노력한다. 전자 산업은 스마트 가전 및 창의적인 디자인을 발전시킨다. 의료 산업은 고급 의료와 웰빙 관광을 접목해 디지털 의료 허브를 육성시킨다. 농업은 자동화와 바이오 기술을 활용 확대하고, 식품가공 산업은 자동화 및 생산 유통 이력 추적을 진행한다.

　New S-Curve에는 일곱 개 영역이 있다. 장기적으로 키워야 할 산업 일곱 개를 육성하는 내용으로 디지털, 로봇, 바이오 연료 및 화학, 의료, 항공 및 물류, 방산, 교육이 그것이다. 디지털 산업은 스마트 디바이스 등의 하드웨어 산업과 콘텐츠 등의 소프트웨어 산업 및 통신 부문이다. 제조, 의료, 성형 등 여러 영역에 특수 로봇을 개발하는 로보틱스 분야, 바이오매스·혁신적 에너지 등과 관련된 연료 및 화학 분야, 원격 수술 및 건강 모니터링의 의료 분야, 아세안 물류 허브화를 위한 물류 센터 인프라 분야 강화, 군용 드론·군용 로봇 등의 방산 분야, 이를 담당할 수 있는 교육자 양성까지 앞으로 중점적으로 키워 나갈 예정이다. 새로운 성장 동력 마련을 위해 태국은 현재 전방위적인 노력을 기하는 중이다.

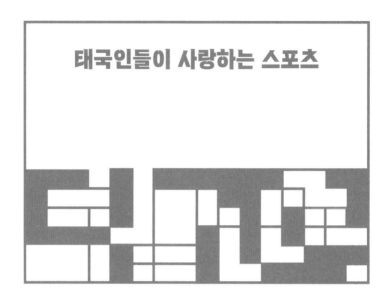

태국인들이 사랑하는 스포츠

동남아 최고의 축구 강호

몇 년 전 TV에서 동남아시아 지역 축구 선수권 대회를 실황 중계했다. 이전에는 없던 생소하고 놀라운 일이었다. 동남아시아 축구 연맹[AFF]이 2년마다 주최하는 이 대회는 1996년에 창설되어 2022년까지 총 14회가 열렸는데, 베트남은 2008년 1회 우승 이후 한참을 결승에도 진출하지 못했다. 그리고 2018년 드디어 박항서 감독이 2번째 우승으로 이끌었다. 그는 베트남을 동남아 지역 내 강팀으로 성장시켜 영웅이 되었고 베트남 내 한류 열풍을 일으켰다. 덕분에 우리나라 축구 팬들도 베트남 국가 대표팀의 몇몇 선수 이름을 기억할 정도다.

그렇다면 이 대회의 최대 우승팀은 어디일까? 바로 태국이다. 총 14번 중 무려 절반인 7번을 태국이 우승을 차지했다. 준우승도 3번이나 했으니 결승전 단골손님인 셈이다. 2023 카타르 아시안컵에서도 조별리그를 통과하며 16강에 진출하기도 했다.

체구나 환경에서 다른 동남아 국가와 큰 차이가 나지 않는 태국이 유독 축구를 잘하는 이유는 무엇일까? 여러 요인이 있겠지만 누알판 람삼*Nualphan Lamsam* 단장이 큰 역할을 했다. 태국의 보험회사 무앙타이 생명*Muang Thai Life Assurance*의 대표이자 태국 내에 에르메스 등 해외 명품을 유통하는 그는 태국의 대표 은행 중 하나인 카시콘 은행*Kasiskorn bank*을 창립한 람삼 가문에서 태어나 쫄랄롱꼰 대학, 보스턴 대학에서 공부했다. 그는 기업인뿐 아니라 태국 상공회의소와 무역위원회 회장으

● 태국 축구팬들의 열정적인 응원

로도 활동하고 있다. 그리고 축구 대표팀을 꾸준히 지원해 오고 있다. 그는 사업가적 수완을 발휘해 대회에서 우승 시 엄청난 상금과 롤렉스 시계, 명품 가방 등을 선물로 거는 등 태국 축구 대표팀의 동기부여를 강화했다. 남자 대표팀뿐 아니다. 그는 여자축구 대표팀 단장을 10년 넘게 맡아 월드컵 본선까지 올려놓았다.

점점 더 강력해지는 아시아의 여자배구 강국

여자배구는 태국 여성의 강한 면모를 보여주는 스포츠 종목이다. 약 10년 전부터 세계 무대에서 두각을 드러내더니 최근 더욱 강력해지고 있다.

태국 여자배구가 세계 무대에 전면으로 등장한 것은 2012년 월드 그랑프리 무대에서 4위를 차지하면서부터다. 2014년 인천 아시안게임 당시만 해도 김연경 선수를 필두로 우리나라가 금메달을 따고 태국이 동메달을 땄으나 이후 태국 팀은 꾸준한 상승세로 배구 강호가 되었다. 2016년에는 스위스에서 열리는 몽트뢰 발리 마스터스*Montreux Volley Masters* 대회에서 은메달을 땄고, 2018년 인도네시아에서 열린 자카르타-팔렘방 아시안게임에서도 2위로 은메달을 목에 걸었다. 2022년에는 강호 튀르키예까지 꺾는 이변을 일으키며 국제 대회 2라운드에 진출했다. 참고로 튀르키예는 2023년 기준 세계랭킹 1위이다. 태국은 현재 세계랭킹 13위이며 아시아 3위이다.

태국은 어린 나이부터 자연스레 배구를 접하는데 선수단 구성이 독특하다. 동년배뿐 아니라 다양한 나이대로 유연하게 구성한다. 선후배 간의 교류를 확대하고 서로의 장점을 배우며 학습할 수 있도록 하기 위해서다. 또 태국 배구는 높은 인기만큼이나 선수들에 대한 처우도 좋다. 8개 팀으로 구성된 1부 리그의 선수 평균 연봉은 1억 원이다. 2022년 기준 태국의 1인당 GDP가 6,910달러임을 고려하면 상당히 높은 수준이다. 국가적인 저변 또한 탄탄하다. 남녀 각각 50개의 대학팀이 있고, 중고등학교에도 남자팀, 여자팀 각각 170여 개가 있다.

영혼의 무술, 태국의 전통 무술 무에타이

우리나라의 태권도, 일본의 가라테, 중국의 쿵후와 같은 전통 무예가 동남아시아 지역에도 존재할까? 물론이다. 유명세는 덜하지만 베트남에는 보비남*Vobinam*, 인도네시아는 펜칵 실랏*Pencak silat*과 같은 특유의 전통 무예가 있다. 우리에게 많이 알려진 무술도 있다. 바로 영화 〈옹박*Ong-Bak*〉으로 널리 알려진 태국의 무에타이이다.

호쾌한 무에타이 액션이 펼쳐지는 이 영화는 전 세계에서 가장 흥행했다. 많은 사람이 옹박을 주인공 이름으로 알고 있는데, 옹박은 사실 농 프라두^{Nong Pradu}라는 마을에서 섬기던 불상의 이름이다. 불상은 워낙 무거워 문화재를 밀수할 때 목까지만 잘라 약탈한다. 이 영화도 주인공 토니 쟈가 악당이 살고 있는 곳에 쳐들어가 도난당한 불상의 목을 가지고 오는 내용이다.

무에타이는 태국의 선조로 여겨지는 태족에서 시작했다. 태족은 중국과 미얀마의 소수 민족 중 하나로 중국의 윈난성 서북부에서 넘어온 것으로 알려져 있다. 근접 전투를 강화하기 위해 사람의 신체를 무기화하는 응용 기술이 바로 지금의 무에타이 형태로 뿌리내렸다. 실제로 무에타이는 강력한 팔꿈치 치기와 무릎을 활용한 발차기 등을 특징으로 하는 최강의 실전 격투기이다.

태국은 베트남, 미얀마, 라오스, 말레이시아, 캄보디아와 국경을 접하고 있어 역사적으로 인근 나라와의 충돌이 불가피했다. 강성했던 캄보디아의 앙코르 왕조와도 충돌했고 미얀마의 버인나웅이 이끄는 따웅우 왕조와도 부딪혔다. 이 과정에서 연마한 군사 무술이 무에타이의 효시가 되었다.

정확한 기록은 아니지만 무에타이의 활용이 전쟁에만 국한되지 않았다는 이야기도 있다. 중요한 국가 행사에서 논쟁이 있을 때 무예 겨루기로 결론을 내거나 왕위 계승 시 왕자들이 무예를 겨뤄서 이긴 쪽이 왕좌에 올랐다는 설이 있다.

● 태국의 전통무술, 무에타이

　무에타이에서 타이*thai*는 '타이족'을 나타내며 무에*muay*는 산스크리트어로 '영혼을 묶는다'는 뜻이다. 그래서 무에타이를 '영혼의 무술'이라고도 한다. 선수들은 무에타이 시합에 앞서 '와이크루*Wai Khru*'라는 영적인 의식을 거행한다. 사라마*Sarama*라는 음악이 울려 퍼질 때 신과 왕, 스승에 대한 존경과 경의를 표하는 것이다. 와이크루가 끝나고 나면 머리에 띠 모양으로 쓰고 있던 몽콘*Mongkhon*을 벗고서 시합을 준비한다. 와이크루가 진행되는 동안 화려한 포즈를 취하는 무에타이 선수들의 모습은 단지 허세의 동작이 아니다. 본인 스스로와 모든 사람의 건강과 안녕을 기원하는 의미를 담는 것이다. 와이크루만 평가하는 대회가 있을 정도로 와이크루는 실제 경기 못지않게 중요한 의식이다.

태국은 18세기 말 짜끄리 왕조가 들어선 이후 영국과 프랑스의 완충 지대를 자처해 왔다. 세계대전에서도 중립국을 표방하며 줄타기 외교를 해 왔다. 이러한 정책 덕분에 태국은 오랜 기간 전쟁에서 벗어나 있을 수 있었다. 이러한 상황에서 어떻게 무에타이가 현재 태국을 대표하는 무술로 자리매김할 수 있었을까? 이는 국가 차원에서 장려했기 때문이다. 태국 북동부의 농카이*Nong Khai* 지역에서는 꾸준히 무에타이 경연대회가 열리고 태국 최대 축제인 송끄란 축제에서도 무에타이 대회가 열린다. 이렇게 전통을 이어온 무에타이는 끝내 태국인의 강인함으로 뿌리내렸다.

15세기 동남아시아 궁정경기에서 시작된 세팍타크로

세팍타크로*Sepak Takraw*는 코트에서 2~4명의 선수가 등나무로 제작된 공을 네트를 중심에 두고 주고받는 경기이다. 공은 껍데기만 있고 안쪽은 비어 무게가 가볍다.

세팍타크로에는 우리에게 익숙한 여러 스포츠의 특성이 결합해 있다. 배드민턴과 똑같은 규격의 네트를 사용하고, 배구처럼 코트 안쪽에 공이 떨어지지 않게 받아넘겨야 한다. 기본 규칙은 축구와 유사하다. 팔을 제외한 모든 부위를 사용할 수

● 세팍타크로

있다. 또 무협 기술처럼 오버헤드킥과 바이시클킥이 난무한다.

세팍타크로는 그 이름에서 유래를 짐작해 볼 수 있다. 이 스포츠는 말레이시아에서는 '세팍'이라 불렸고 태국은 '타크로'라고 했다. 양국의 갈등을 조정하는 차원에서 두 단어를 조합해 새로운 스포츠 명을 만든 것이다. 참고로 세팍*Sepak*은 말레이시아-인도네시아어인 마인어로 '발로 차기'를 뜻하고 타크로*Takraw*는 태국어로 '공'을 뜻한다. 초기의 세팍타크로는 둥근 원 안에서 발을 사용해 공이 땅에 떨어지지 않게 오래 버티는 사람이 이기는 방식이었다. 제2차 세계대전이 종전된 1945년에 이르러서야 코트와 네트를 갖춘 형태로 진화했다.

오늘날에는 누구나 세팍타크로 공을 구할 수 있지만 과거 서민들은 등나무 공을 만들기가 쉽지 않았다. 그렇다 보니 귀족이 즐기는 운동에 가까웠다. 실제로 이 스포츠는 궁정 경기에서 유래했다. 15세기에 말레이시아의 서쪽에 위치한 말라카 *Malaca* 궁전이 그 시초이다. 시작은 말레이시아지만 실력은 태국이 압도적이다. 1990년 베이징 아시안게임에 처음 도입된 후 2022년 항저우 아시안게임까지 태국이 남녀합산 총 30개의 금메달을 땄다.

세팍타크로를 닮은 족구

이 경기를 보고 있자면 족구가 떠오른다. 둘은 서로 어떤 연관이 있을까? 어떤 종목이 먼저일까? 족구는 세팍타크로에서 유래했을 확률이 높다. 1960년대 미국과 베트남 전쟁이 한창일 때 우리나라도 많은 군인이 참여했다. 정글에서 베트콩에 맞서 공포의 시간을 보내면서 이들이 잠시나마 했던 운동이 세팍타크로와 유사한 발로 공 주고받기였다. 월남전에 참전했던 한국 군인들이 베트남에서 한국으로 돌아와 현재의 족구 형태로 발전시켰다는 것이 정설이다.

두 스포츠는 닮은 듯 다르다. 족구는 머리와 무릎 아래만 사용하지만, 세팍타크로는 팔을 제외한 모든 곳을 사용할 수 있다. 축구에서 트래핑하듯 가슴을 사용해도 된다. 가장 큰 차이는 공이 코트에 닿는지 여부이다. 족구는 코트에 바운드된 후나 공중에 뜬 공 모두 찰 수 있다. 반면 세팍타크로는 공중에 있는 볼만 찰 수 있다. 상대의 공격 또한 공중에서 받아내야 하므로 묘기를 보는 것 같은 느낌이 더 강하다.

태국 재벌 킹 파워 그룹이 소유한 EPL의 레스터 시티 구단

태국인의 축구 사랑은 국내에만 한정되지 않는다. 태국의 재벌이자 유통 대기업인 킹 파워 그룹은 영국 프로축구 리그 _EPL_ 의 레스터 시티 _Leicester City_ 를 소유하고 있다.

레스터 시티는 2015~2016시즌 리그에서 우승을 차지했다. 1884년에 창단한 뒤 132년 만의 최초 리그 우승이다. 이 우승은 지금까지도 EPL 역사의 최대 이변 중 하나로 남아있는데 레스터 시티가 2014년에 처음 1부 리그로 승격한 터라 그들의 우승을 예상하기 어려웠기 때문이다. 레스터 시티가 우승하자 구단주인 킹 파워 그룹의 CEO 비차이 스리바다나프라바 _Vichai Srivaddhanaprabha_ 에게도 이목이 쏠렸다. 그는 레스터 시티가 2부 리그에 있던 2010년에 구단을 650억 원(3,900만 파운드)에 인수하고 구단 운영을 위해 약 3,000억 원에 이르는 돈을 추가로 투자했다. 이와 함께 2002년 지어진 신축 구장인 워커스 스타디움 _Walkers Stadium_ 까지 함께 인수했다. 현재 이곳의 이름은 킹 파워 스타디움 _King Power Stadium_ 이다.

비차이는 기존의 틀을 혁신하는 뛰어난 경영인이었다. 그는 기업을 경영하듯 레스터 시티 구단 운영에도 성과에 따른 확실한 보상 구조를 짰다. 기본 연봉은 높지 않게 하되 성적에 따른 파격적인 성과급을 약

속한 것이다. 이러한 노력으로 레스터 시티는 결국 우승을 차지했지만 우승한 후 약 2년이 지난 2018년 10월 비차이가 안타깝게 생을 마감했다. 경기를 보고 이동하던 도중 헬기가 추락한 것이다.

이후 그의 가족이 구단주의 역할을 이어가고 있으며 태국인들 또한 여전히 레스터 시티를 사랑한다. 태국 출신 선수가 뛰고 있는 것은 아니지만 레스터 시티는 태국의 국민 구단으로 자리 잡았다. 리버풀, 맨체스터 유나이티드 등 명문 팀을 물리치고 꿈만 같던 우승을 차지한 그들처럼 언젠가는 태국 축구팀이 월드컵 무대를 밟기를 태국인들은 염원하고 있다. 마침 2026년 북중미 월드컵에서는 기존 32개국이 아닌 48개국이 참여한다. 태국도 본선행을 목표로 하고 있다.

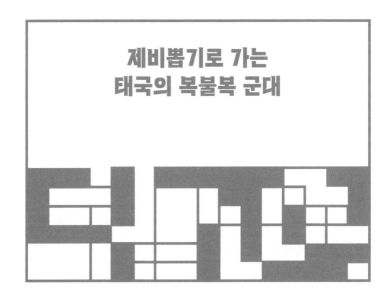

제비뽑기로 가는 태국의 복불복 군대

태국 헌법에는 우리나라와 마찬가지로 남성이 일정 나이가 되면 국방의 의무를 해야 한다는 조항이 있다. 하지만 다른 나라에서는 보기 드문 방법으로 진행한다. 바로 제비뽑기다.

제비뽑기에 따라 2년 동안 군대에 가야 한다고 생각해 보라. 점심값 쏘기 등 일상에서 가벼운 사다리 타기만 해도 긴장감이 있는데, 군대가기 제비뽑기는 얼마나 긴장되겠는가. 누구나 제비뽑기한다는 점에서 공평하면서도, 한순간의 결정에 따라 누구는 가고 누구는 가지 않는다는 점에서 불공평하게 느껴지기도 한다. 인터넷상의 태국 군대 징병 선발 영상은 보는 이의 손에 땀을 쥐게 한다. 태국과 비슷한 나라는 멕시코이다. 멕시코의 경우 실제 범죄조직 등을 대상으로 한 진압 작전은

모병제이지만, 후방의 치안 유지 등을 위한 군인은 징병제로
선발한다. 여기서 검은 공과 흰 공을 뽑는데, 태국과 같은 복
불복 게임이다.

독특한 태국의 군대 징집 방법

매년 4월이 되면 태국에서는 군대 제비뽑기와 관련한 뉴스
가 나온다. 태국에서는 신체 건강한 만 21세의 남성을 지역별로
일정 수만큼 징집하는데 모집인원만큼 지원자가 채워지지 않
았을 때 강당과 같은 곳에 줄을 서서 군대 추첨을 진행한다. 이
때 종이나 공을 뽑는데, 검은색을 뽑으면 군 면제가 되고 붉은
색을 뽑으면 군대에 가야 한다. 검은색을 뽑은 지원자는 세상을
다 가지는 듯 환호성을 지르지만, 붉은색을 뽑은 지원자는 울기
도 하고 충격을 받아 멍하게 얼빠진 모습을 보인다. 2년간의 군
대 생활이 단 한 번의 제비뽑기로 결정되는 것이다.

제비뽑기를 통해 입대 여부를 선택하기 싫은 사람에게는 다
른 선택지도 주어진다. 첫째, 고등학교 3년간 군사교육을 꾸준
히 받아 이수하면 제비뽑기를 하지 않아도 군 면제가 될 수 있
다. 둘째, 제비뽑기 장에서 지원 입대를 하면 대학교 졸업자에
게는 6개월간, 고등학교 졸업자는 1년간의 군 생활로 추첨을
통한 방법보다 짧은 기간 군 복무를 하게 된다. 마지막으로 대

● 군대 입대를 위해 제비뽑기하는 남성

승 불교의 승려가 되거나 승과 대학에 합격한 승려들은 병역이 면제된다. 태국의 경우 대다수가 불교를 믿고, 승려가 되면 군인 못지않게 절제된 삶을 살기 때문에 국민들도 특별한 불만은 없다. 승과에 합격하지 않은 승려는 똑같이 제비뽑기 추첨에 참여하며, 불교 군종 장교 산하로 보직이 부여되는 것이 일반적이다.

태국의 군대 문화를 보면, 불확실한 확률 속에서 개인 선택의 상관관계가 보인다. 꾸준한 시간을 투자하여 불확실성을 0으로 만드는 사람도 있지만, 위험을 무릅쓰고라도 주사위를 던져 시간을 단축하는 사람도 있다. 여러분이라면 어떤 선택을 할 것인가.

함께 생각하고 토론하기

태국에서는 대학생들도 교복을 입고 다닙니다. 남학생은 흰색 셔츠에 검은색 긴 바지, 여학생은 흰색 반소매 셔츠에 검은색 치마를 입는 게 일반적입니다. 허리띠와 금속 배지, 넥타이에는 학교 문양을 새깁니다. 이는 그들의 신분과 정체성을 알리는 하나의 문화입니다.

● 교복은 친목을 강화하고 소속감을 높이는 측면이 있습니다. 양극화된 태국의 빈부격차를 드러내지 않는 장점도 있죠. 반면 개인의 취향을 반영하지 못하는 면도 존재하는데요. 여러분은 대학생 교복 문화를 어떻게 생각하나요?

태국에서는 강당에 모여 제비뽑기를 통해 군입대 여부를 결정합니다. 2년간의 군입대를 제비뽑기를 통해서 검은색이 나오면 면제가 되고, 붉은색이 나오면 군대를 가는 것이죠. 하지만 고등학교에서 3년간 군사교육을 받으면 제비뽑기가 면제되며, 제비뽑기를 하기 전에 군대를 지원하면 군 복무 기간이 1년 이하로 줄기도 합니다.

● 인생에서 중요한 결정을 할 때 자신은 어떤 유형의 사람인가요? 시간을 투자하면서 꾸준히 준비하여 위험을 감소시키는 타입(미리 군사교육을 받아 군 면제를 받는 타입)인가요? 아니면 리스크가 있더라도 과감하게 선택하고 추진하는 타입(제비뽑기를 통해 군 면제를 받는 타입)인가요?

3부
역사로 보는
태국

겸손하고 복수심을 피하라.

Be humble and avoid vengefulness.

– 짜끄리 왕조 라마 5세 국왕 쭐랄롱꼰

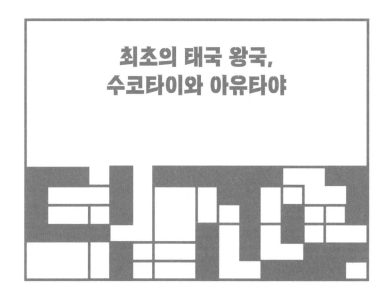

최초의 태국 왕국,
수코타이와 아유타야

타이의 조상은 중국 남부에 퍼져 살고 있던 소수 민족이다. 당나라 시절이던 649년 타이계 인종들이 연합해 중국 남부에 남조국이라는 독자 국가를 세웠다. 이후 10세기경부터 분열을 겪다가 1200년대 중반에 이르러 원나라에 멸망했다. 이 과정에서 그들은 꾸준히 현재의 태국 지역으로 남하했다. 타이계 인종은 차근히 무앙*Muang*이라 부르는 작은 도시들을 세웠고, 주변의 무앙들이 조금씩 통합되고 연합하며 국가의 형태로 진화해 갔다.

이 과정에서 최초로 탄생한 왕국이 수코타이*Sukhothai*이다. 수코타이의 성장에는 인근 미얀마 영토에 자리 잡고 있던 바간 왕조의 멸망도 한몫했다. 자연스레 새로운 인구가 흡수되어 규모가 커진 수코타이 왕국은 원나라에 고개를 숙이고 조공을 바치며 안정적으로 성장해갔다. 이후 약 190년의 세월이 흘러 수코타이 왕국은 멸망했고, 또 다른 무앙이었던 아유타야 *Ayuthaya* 왕국이 탄생했다. 국가체제가 확립되자 아유타야 왕국은 강한 군사력과 수완 좋은 외교술로 동남아시아 지역의 맹주로 자리 잡았다.

1238년 건국된 수코타이 왕국과 불교화의 시작

수도인 방콕에서 북쪽으로 약 430km 떨어진 곳에 수코타이 타니*Sukhothai Thani*라는 도시가 있다. 이 도시는 태국의 전신이었던 수코타이 왕국이 번영했던 곳이다. 수코타이 왕국에 이은 아유타야 왕국도 현재 하나의 도시로 남아있다. 신라, 백제, 고려와 같은 과거의 나라 명이 도시 이름으로 남겨진 이유는 중앙집권적이었던 조선이나 명나라, 청나라 등과는 달리 태국은 무앙이라는 작은 도시들이 연합하는 방식으로 국가를 이루었기 때문이다. 중앙 정부를 제외하면 태국은 지역별로 작은 부족사회가 계속 이어지는 연꽃 모양의 형태였다.

'행복한 새벽'을 뜻하는 수코타이 왕국은 막강했던 캄보디아의 전신인 크메르 제국을 멸망시키고 1238년 인드라딧야 *Indraditya* 왕에 의해 건국되었다. 수코타이 왕국은 체계를 갖춘 규모 있는 최초의 국가로 태국 역사의 시작으로 볼 수 있다. 이전까지는 작은 규모의 도시국가는 존재했지만 대부분 타국에 지배받는 속국에 불과했다. 수코타이 왕국의 대표 인물은 제3대 왕인 람캄행*Ramkhamhaeng* 대왕이다. 그는 군사, 외교, 문화 다방면에 뛰어난 업적을 남겼다. 이전에는 고대 인도어 계통의 문자를 사용히였으나 고대 크메르어의 특징을 바탕으로 태국어를 창제했다. 또한 힌두교와 대승 불교의 전통이 혼재한 상황에서 스리랑카로부터 상좌부 불교를 도입했다.

기독교에 카톨릭교와 개신교가 존재하듯 불교에도 상좌부 불교와 대승 불교가 존재한다. 뿌리는 같지만 여러 분파가 존재하는 것이다. 현재의 태국은 상좌부 불교에 근간을 두고 있고, 우리나라는 대승 불교이다. 대승 불교는 누구나 석가모니처럼 스스로 '깨달은 자'인 보살이 될 수 있다고 믿지만 상좌부 불교는 개개인의 수도와 해탈을 중시한다. 대승 불교 관점에서 상좌부 불교의 구도 방식은 개인주의처럼 보인다. 또 다른 차이는 주체의 제한이다. 대승 불교에서는 남녀노소 누구나 마음만 먹으면 보살이 될 수 있다. 하지만 상좌부 불교에서는 오직 성인 남자만 '훌륭한 자'인 아라한이 될 수 있다. 그래서 상좌부 불교는 엘리트 불교로 여겨지기도 한다. 태국에서 승려의 사회적 지위가 높은 것도 이 때문이다. 람캄행 대왕 이전까지만 해도 인도차이나반도는 힌두교가 주류였지만 이후 전체가 불교화되기 시작했다.

● 람캄행 대왕 동상

● 수코타이 역사공원

람캄행 대왕은 중국에서 도공들을 데리고 와 도자기 문화를 발달시키기도 했다. 당시 강력했던 몽골족이 세운 원나라와는 친선 정책을 펴 수십 년간 번영을 이루었다. 현재까지도 수코타이의 구시가지 지역에는 역사공원을 중심으로 거대한 불상과 200개가 넘는 탑의 흔적이 남아있다.

통일과 함께 태국의 근간을 닦은 아유타야 왕국

안타깝게도 수코타이 왕국의 번영은 그리 오래 이어지지 못했다. 위대한 왕이었던 람캄행 대왕이 죽고 난 뒤 왕국 내부에 분열이 일어나 왕위 쟁탈전이 벌어졌고 그 결과 외부 공격에 취약해질 수밖에 없었다. 1347년 남쪽에서 세를 키운 아유타야 왕국이 등장하면서 수코타이 왕국은 몰락의 길을 걸었다. 그리고 1350년 우텅Uthong 왕에 의해 아유타야 왕국이 세워졌다. 우리나라의 고려 말기 시기이다.

아유타야는 방콕을 가로지르는 짜오프라야강 상류에 위치한다. 방콕에서 북쪽으로 80km 정도 떨어진 곳에 있다. 배로 3시간 정도 걸린다. 남쪽으로는 짜오프라야강, 북쪽으로는 롭부리Lopburi강, 동쪽으로는 빠삭Pa Sak강까지 세 개의 강으로 둘러싸여 있다. 이 세 개의 강이 아유타야 지역을 천연의 요새로 만들어 농사를 가능하게 했다. 풍부한 수량으로 쌀의 생산

량이 넉넉해지자 태국 남부 지역부터 흘러들어오는 짜오프라
야강을 통해 외국 상단들과 교류가 이루어졌다. 이후 아유타
야 왕국은 수상시장을 중심으로 상업 활동을 이어가며 큰돈
을 벌었다.

아유타야 왕국은 1350년 태국을 통일한 이후 1767년까지
400여 년간 인도차이나반도를 지배한 패권 국가였다. 오랫동
안 왕국이 유지된 배경에는 국가체계 마련과 엄격한 위계질서
의 도입이 있다. 이를 사끄디나*Sakdi Na*라고 하는데, 사농공상
제와 같은 계급제도라고 보면 된다.

먼저, 제일 높은 계급에는 왕족이 위치한다. 힌두교 신에 불
교의 부처 개념을 더해 왕을 살아있는 신이자 부처와 같은 신
성한 존재로 여겼다. 왕족 다음의 계급은 승려이며, 그 아래로
평민과 노예가 이어진다. 아유타야 왕국은 이러한 계급제도를
활용해 사회를 구조화했고 도시 건설을 위한 노동력과 주변국
에 맞서기 위한 군사력 확보를 쉽게 할 수 있었다.

또한 아유타야 왕국 시기에는 문화가 꽃을 피웠다. 불교문화
가 왕국 전역으로 확산했던 시기였던지라 현재에도 약 400개에
가까운 사원과 100개에 이르는 성문이 문화유산으로 남아있
다. 왓 프라시산펫*Wat Phra Si Sanphet* 사원도 그중 하나이다. 섬
세한 세공 기술을 바탕으로 한 이곳 불상들은 약 170kg에 이
르는 금으로 만들어졌지만 여러 번의 전쟁을 거치며 많이 파
손되었다.

● 아유타야의 유적들

● 나레쑤언 왕 동상

　이밖에 아유타야 왕국 때는 미술과 건축 분야에서도 큰 발전을 이루었다. 화려하게 빛나는 청동 조각상을 비롯해 불교의 여러 신이 미술 작품의 대상이 되었고, 서구 국가들과도 꾸준히 교류해 프랑스 건축 양식이 전해지기도 했다.

　아유타야 왕국을 대표하는 인물에는 나레쑤언 왕이 있다. 태국인들이 존경하는 위인 중 한 명인 그는 태국의 이순신이라 할 수 있다. 버마에 패해 속국으로 전락했던 아유타야 왕국을 독립시키고 전쟁에서 승리를 거두어 동남아시아 최대 패권 국가로 만든 장본인이다. 태국 영화나 역사적 사료를 보면 코끼리에 올라타 용맹하게 전투하는 그의 모습을 종종 볼 수 있는데, 당시 아유타야와 버마가 충돌했던 장면을 그린 것이다.

그런데 흥미롭게도 나레쑤언 왕을 명군으로 성장시킨 것은 다름 아닌 버마였다. 1564년 버마의 군주였던 버인나웅이 태국 북부의 도시인 핏사눌록*Phitsanulok*을 함락시키고 아유타야 왕국을 속국으로 만들었다. 국왕이 반란을 일으키지 못하도록 왕족들을 인질로 삼았는데, 당시 왕이었던 마하 탐마랏차*Maha Thammaracha*의 두 아들이 인질로 보내졌고 그중 한 명이 나레쑤언이었다. 버마 수도였던 버고에서 7년간 억류 생활을 하는 동안 그는 자연스레 최고의 군사교육을 받았고 버마군의 특성을 파악했다. 조국으로 돌아온 뒤 그의 칼날은 숙적인 버마를 향했다. 그리고 이는 아유타야가 승리를 거두는 계기가 되었다.

아유타야 왕국과 교류한 고려와 조선

아유타야 왕국과 관련한 기록은 우리 역사에도 등장한다. 고려의 마지막 왕인 공양왕 3년이던 1391년의 고려사에 "섬라곡국에서 내공 등 8인이 와서 토산물을 고려 국왕에게 바쳤다."고 기록되어 있는데, 여기서 섬라곡국은 과거 태국의 국호였던 시암*Siam*을 중국식으로 '셴뤄후'라 부른 데서 유래한다.

당시 태국의 왕은 라메수안*Ramesuan*이었다. 그는 영토를 확장하면서 대외적으로는 여러 나라와의 교역을 장려했다. 이 과정에서 토산품을 고려에 전한 것이다. 물론 중국에 하듯 조공을 바친 것은 아니고 친선을 맺는 목적 정도였다.

바다로 이어진 내륙 수로는 아유타야 왕국의 교역을 가속했다. 상호 교류는 계속 이어져 조선 초기에도 섬라곡국에서 사신을 보내왔다. 태조실록 2년에는 "섬라곡국의 사신 장사도 일행 20명이 와서 소목 1,000근, 속향 1,000근과 토인 두 명을 진언하였다."고 기록되어 있다. 여기서 토인은 말레이반도 또는 인도네시아 열도에 살던 원주민이며 무역상에 팔린 노예를 뜻한다. 당시에는 사람을 조공품으로 진상하는 게 관례였다. 1392년에는 역사상 최초로 조선의 사절단이 태국을 방문했다.

아유타야 왕국의 활발한 교역은 당시의 동아시아 정치 상황도 한몫했다. 중국은 원나라에서 명나라로 넘어가는 교체기였고, 일본은 교토를 중심으로 무로마치 막부의 북조와 요시노를 중심으로 한 남조가 대립하던 혼란기였다. 동아시아 지역에 해상 세력이 커졌으며 태국을 비롯한 여러 동남아시아 국가가 중계무역을 하며 이익을 취했다. 이 과정에서 고려와 조선에까지 사신이 건너왔다. 대항해시대가 시작된 15세기 말 이후 포르투갈과 네덜란드가 동남아시아 지역에 진출했는데 이보다 훨씬 이전인 14세기에 아시아에서는 활발한 교역과 외교적인 교류가 이루어지고 있던 것이다.

서양보다 앞서 아유타야 왕국과 교역한 세력은 이슬람 상인이었다. 그들은 동남아 지역에 자리 잡은 지 오래였는데, 이는 과거 이슬람 상인들이 고려를 '코리아*Korea*'라 부른 것이 유래라고 알려진 우리나라 영문 국명만 봐도 알 수 있다. 고려가 멸망한 시점이 1392년이니 이미 1300년대부터 해상 세력들의 교역은 아시아 전역에서 활발했음을 알 수 있다.

견제와 균형의 외교를 펼친 아유타야 왕국

1500년대 초가 되자 '대항해시대의 늑대'로 불리던 포르투갈이 아유타야 왕국에 접근해 왔다. 그러자 처음 이곳에 자리를 잡은 포르투갈 상인 100여 명이 아유타야 왕국을 위해 함께 싸웠다. 이를 고마워한 왕이 그들에게 땅을 주어 1521년 도시 외곽에 포르투갈 마을이 세워졌다. 아유타야에 있는 가톨릭 건축물인 세인트 요셉 교회Saint Josep Church가 그 역사의 흔적이다. 포르투갈인들에 의해 조총이나 대포 등도 전해졌다. 이 전쟁물자는 이후 나레쑤언 왕이 버마와의 전쟁에서 승리를 거두는 데도 일조했다.

태국은 예부터 다른 문화에 대한 수용의 폭이 큰 사회였다. 아유타야 왕국의 개방적인 정책은 이후에도 지속되어 동서양 수십 개 나라의 무역선이 아유타야 지역을 드나들며 교역했다. 단지 물건을 주고받는 게 아니라 포르투갈인처럼 거주하는 외국인도 늘어났다. 이는 왕을 보좌할 친위세력이 부족했던 탓도 있는데, 만다라 체계로 전국 각지에 세력이 분산되어 있던 터라 초기에는 중앙집권이 약했기 때문이다.

아유타야 거주 외국인은 왕의 친위군으로 임명되기도 했지만, 정계 고위직까지 진출하는 등 중요한 역할을 맡기도 했다. 나라이*Narai* 왕이 왕위에 오른 17세기 중반에는 교류의 정점을 찍었다. 왕의 고문 자리에까지 임명된 그리스계 영국인 콘스탄틴 폴컨*Constantine Phaulkon*이 대표적이며, 일부 중국인은 중국과의 무역을 담당하는 부서에서 일했다. 프랑스인과 이란인은 왕실 경비를 담당하기도 했다. 다양한 국가 사람들로 구성한 이유는 견제를 통한 균형을 꾀하기 위함이었다. 아유타야 왕국은 서구 세력들에 대한 이해가 깊어 서로 견제할 수 있게끔 구도를 짰다. 포르투갈이 세력을 확대하려 하자 네덜란드를 끌어들였고, 네덜란드의 영향력이 커지자 프랑스를 끌어들이는 방식으로 단지 개방하는 데 그치지 않고 견제와 균형의 외교를 위해 오랜 기간 노력해 왔다.

부를 축적하자 나라이 왕은 롭부리강 동쪽에 새로운 궁궐을 지으라 명했다. 유럽 문화의 영향으로 당시로는 최신식 시설로 지어졌다. 식수 저장소와 상수도관도 만들어져 궁궐에 물이 흘렀고 폭포가 쏟아졌으며 아름다운 장미 정원도 생겨났다. 롭부리 지역에는 그때 건설된 사원과 왕궁이 여전히 잘 보존되어 있다. 하지만 모든 정책은 양면성이 존재한다. 아유타야 왕국의 지나친 개방정책은 결국 내부 권력 투쟁을 야기했다. 융성했던 왕국은 조금씩 저물기 시작했다.

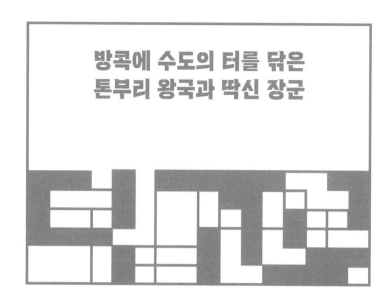

방콕에 수도의 터를 닦은 톤부리 왕국과 딱신 장군

무너진 아유타야 왕국, 꺼지지 않은 부활의 불씨

아유타야 왕국의 개방정책에 귀족들은 반발했다. 콘스탄틴 폴컨을 비롯한 외국인에게 국가 중대사를 맡긴다는 것이 마뜩잖았고, 본인들의 이권과 영향력이 줄어드는 것을 참을 수 없었다. 이에 더해 아유타야에 거주하는 유럽인이 늘어나자 기독교의 영향이 커져 개종을 요구하는 일까지 생겼다. 불교에 토대를 둔 아유타야 사회에 혼란이 가중되었다.

그러던 중 왕국의 구심점이었던 나라이 왕이 중병에 걸리자 보수파 귀족들은 이때다 싶어 반란을 일으켰다. 콘스탄틴 폴컨은 살해당했고 나라이 왕도 같은 해에 사망했다. 그 후 펫라

차가 새로운 재상이 되었다가 왕위에 올랐고, 방콕에 상주하
던 프랑스군도 철군했다.

　나라이 왕도 세상을 떠나고 서구 세력들도 줄어들었지만 왕
국이 바로 무너지지는 않았다. 하지만 내부 권력 암투로 왕권이
점차 실추되면서 국정에 공백이 생기기 시작했고 이러한 혼란
상황을 지켜보며 내심 미소 짓던 나라가 있었다. 바로 이웃 국
가 버마였다. 버마의 마지막 왕조 꼰바웅*Konbaung* 왕조의 초대
국왕 알라웅파야*Alaungphaya*는 1759년 무서운 기세로 아유타야
왕국을 쳐들어왔다. 하지만 강으로 둘러싸인 천혜의 환경 덕에
왕국은 쉽게 무너지지 않았고 결국 양국이 충돌하는 과정에서
알라웅파야는 총상을 입어 전사하고 말았다.

　이후 6년이 더 흘러 버마는 건륭제의 청나라와 아유타야 왕
국 2개국과 동시에 전쟁을 치를 만큼 강해졌다. 건륭제는 무
력행사를 통한 대외 정복 전쟁에 적극적인 황제로 국경을 접
한 대부분의 국가를 그 대상으로 삼았다. 청나라는 버마의 국
경 지대에서 충돌을 일삼으며 이 지역의 주도권을 잡기 위해
기회를 엿보았다. 그리고 1765년, 건륭제는 결단을 내렸다. 버
마 동쪽에 있는 켕퉁*Keng tung* 지역의 버마군이 아유타야 지역
으로 원정을 떠난 기회를 틈타 켕퉁의 요새를 공격한 것이다.
하지만 막강한 전투력을 보유했던 버마가 도리어 승리를 거두
었고, 버마는 파죽지세로 아유타야 왕국까지 쳐들어가 승리를
거머쥐었다. 1767년 영원한 맞수였던 버마에 아유타야 왕국은

무너졌다. 수만 명의 백성이 포로로 끌려갔고 약탈당했다. 그러나 이것이 끝은 아니었다. 아유타야 세력에 작은 부활의 불씨가 남아있었다.

버마군을 무찌르고 주변국을 병합한 딱신 장군

강력한 힘을 가진 버마였지만 아유타야 세력을 완전히 끝장내진 못했다. 청나라 건륭제가 건재했고 버마는 그에 맞서야 했기 때문이다. 아유타야 왕국이 버마에 함락되던 순간 중국계 혼혈이던 딱신*Taksin* 세력은 태국 동남부의 짠따부리 지역으로 피신해 있다가 방콕의 서부에 위치한 톤부리*Thon Buri*로 천도해 나라를 세웠다. 톤부리 지역은 과거 프랑스군이 주둔했을 때 요새를 만든 곳이라 방어가 용이했다.

이후 딱신은 청나라에 손을 내밀어 톤부리 왕국을 국가로 인정해달라 했고, 조공 책봉을 맺은 후 버마를 함께 공격했다. 그렇게 그는 버마 세력을 쫓아내는 데 성공했다. 또한 치앙마이 지역에 있던 란나 왕국까지 통합하는 데 성공했다. 1769년에는 캄보디아 서부를 차지했고 말레이반도의 페낭 지역까지 영향력을 확대했다. 딱신 대왕의 진격은 멈출 줄 몰랐다. 1778년에는 라오스의 수도였던 비엔티안*Vientiane*을 함락해 속국화했다. 이러한 업적으로 그는 태국 국민에게 큰 존경을 받는 국왕이 되었다.

톤부리 왕국의 당시 수도는 톤부리였고 현재는 방콕의 일부 지역이다. 이때부터 방콕을 중심으로 현대의 태국을 만드는 초석이 만들어진다. 하지만 톤부리 왕국은 그리 오래 가지 못했다. 기념비적인 업적을 숱하게 남겼지만 딱신 대왕의 태생이 문

● 톤부리 왕국의 딱신 대왕

제였다. 아버지가 중국 혼혈이라 토착 귀족들에게 환영받지 못한 것이다. 아유타야 왕국 시절 중앙집권체제를 강화하기는 했지만 태국은 태생적으로 토착 귀족들의 힘이 강하다. 그들은 겉으로는 딱신을 따르는 척했지만 실제로는 인정하지 않았다. 여기에 딱신 대왕은 재위 말년으로 갈수록 폭정을 펼쳤다. 심지어 정신병에 걸려 본인을 부처라 일컬으며 폭군으로 변해갔다. 물론 이러한 역사 기록은 다음에 세워진 왕조가 정통성을 확보하기 위해 과장했을 거라는 이야기도 있다. 결국 반란이 일어났으며 딱신 대왕은 구금되었다. 이에 톤부리 왕국의 장군으로 많은 전쟁에서 공을 세웠던 짜오프라야 짜끄리가 이 반란을 진압했으나 이 과정에서 그는 딱신 대왕을 죽이고 스스로 왕위에 올랐다. 역성혁명은 성공했고 짜끄리 왕조의 시대가 열었다.

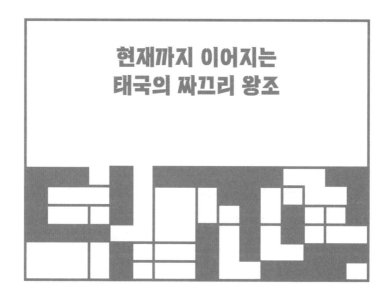

현재까지 이어지는 태국의 짜끄리 왕조

오늘날의 태국을 말할 때 빼놓을 수 없는 왕조가 짜끄리 왕조이다. 1782년 라마 1세 짜오프라야 짜끄리가 세운 이 왕조는 240년의 세월도 더 지난 지금까지 변함없이 건재하다. 현재 라마 10세인 마하 와찌랄롱꼰이 왕위를 계승해 왕조를 이어가고 있으며 여전히 태국의 정치와 사회 전반에 큰 영향을 끼치고 있다.

근대화의 초석을 닦은 라마 4세와 라마 5세

태국은 영원한 맞수였던 이웃 국가 버마와는 정반대의 길을 걸었다. 버마는 영국과의 세 차례 전쟁으로 나라가 초토화되었고 식민 지배를 당했으며 당시 인도계인 로힝야족에게 다수인 버마족을 통치하도록 한 영국의 방침 탓에 독립된 지 오래인 오늘날까지도 큰 후유증을 겪고 있다.

반면 태국은 영국과 프랑스의 어두운 그림자가 엄습하자 충돌하기보다 외교적 해결 방식을 택했다. 영국이 영국인들을 대상으로 기소 면제권과 치외법권을 요구하고 심지어 영토의 일부까지 요구하는 불평등조약을 내밀었으나 짜끄리 왕조의 라마 4세는 이를 받아들였다. 명분보다 실리를 택해 당시 상황을 서구화의 발판으로 적극 활용한 것이다. 태국은 오랜 기간 인도차이나반도의 맹주였지만 19세기 초부터의 경험으로 세계정세에 눈을 떴다. 지속 팽창하는 서구 세력을 이기지 못할 것으로 판단, 강 대 강으로 부딪히기보다 그들을 허용하되 서구 문물을 적극적으로 받아들이고자 했다. 그 결과 라마 4세 몽꿋 왕은 영국과 1855년 보링 조약을 맺어 영국을 비롯한 서구에 주요 항구들을 완전히 개방했고 차제에 기술, 농업, 과학 분야에서 현대화를 추진했다.

전격적인 문호 개방이 끼칠 부정적인 영향을 염려했지만 애초 걱정했던 것과 달리 이는 태국에게 새로운 기회였다. 영국과 중국의 아편전쟁 이후 1842년에 맺은 난징조약 때도 그랬듯 태국이 시장을 개방한 상대 국가는 영국에만 국한되지 않았다. 자연스레 여러 서구 국가와의 조약 확대로 이어졌고, 교역량이 늘자 대규모 세수를 확보하는 계기가 되었다. 1860년

● 짜끄리 왕조 라마 1세에서 10세까지

대 태국 소유의 증기선만 해도 15척에 이를 만큼 경제가 질적·
양적으로 성장했다. 몽꿋 왕은 영어 실력도 뛰어나서 근대화의
선봉 역할을 했다. 그는 지나친 숭배는 지양하되 서구 문물은 적
극적으로 받아들였다. 여행에 취미가 있어 전국 각지를 누비다
가 자연스레 서구식 지리학도 들여왔다. 천문학에도 관심이 높
았다. 오죽했으면 천체 관측을 위해 탐험하다가 말라리아로 죽
음을 맞이했을까. 그의 묘비에는 '시암의 과학과 기술의 아버지'
라고 적혀 있다.

● 영화 〈애나앤드킹〉

주윤발과 조디 포스터가 주연한 영화 〈애나 앤드 킹〉이 그의 이야기를 그리고 있다. 주윤발이 몽꿋으로 등장한다. 여기 등장하는 그의 자녀들은 영국인 가정교사인 조디 포스터로부터 교육을 받는다. 허구가 아니다. 실제 역사를 보면 안나 레오노웬스*Anna Leonowens*라는 영국인이 태국 왕자들과 후궁들에게 서구식 교육을 가르쳤다. 물론 그를 모델로 한 이 영화에서 로맨스 부분은 과장된 측면이 있다.

〈애나 앤드 킹〉에서 교육을 받던 왕의 아이 중 하나가 훗날 왕위에 오른 라마 5세 쭐랄롱꼰이다. 그는 서구식 교육을 이수한 최초의 태국 왕이다. 쭐랄롱꼰 왕은 몽꿋 왕이 닦아놓은 국가 기반에 성장과 혁신의 가속 페달을 밟았다. 그는 15세라는 어린 나이에 즉위했지만 세계 곳곳을 순방하며 주변 국가와 친분을 쌓고 정치, 사회, 경제의 모든 영역에서 개혁에 앞장섰다. 강력한 대영제국의 힘과 체계화된 사회를 동경했던 그는 거침없이 개혁을 추진했다. 1905년 노예제를 폐지하고 교통망을 정비했으며 법체계를 정비했다. 동시에 토지 개혁을 실시하고 군대를 현대화했다. 이에 더해 수십 개의 작은 도시들을 정비해 중앙집권체제를 확립했으며 재무부와 내각평의회와 같은 정부 기관을 만들어 행정조직을 개편했다. 조세 징수 시스템을 체계화했고 의료 시스템도 정비했다. 현재 태국에서 사용하는 화폐인 밧화도 그가 재무부를 신설하며 최초로 만든 것이다.

어릴 적부터 유럽 선교사들에게 서양식 교육을 받은 그는 교육의 중요성을 절감하고 국민에게 교육을 장려했다. 그가 현대 태국 사회에 끼친 영향과 업적을 기려 방콕에 세운 것이 쫄랄롱꼰 대학이다. 이 대학은 태국을 대표하는 명문대학교이며 민주화 운동에도 앞장서는 등 태국 사회를 변화시키기 위해 지대한 노력을 기울여왔다.

태국이 홀로 일어설 수 있게 한 라마 6세

20세기 초에도 짜끄리 왕조의 자주권을 갖기 위한 노력은 계속 이어졌다. 영국 왕립군사학교를 졸업하고 영국 옥스퍼드의 크라이스트 처치*Christ Church*에서 법학과 역사학을 공부한 라마 6세 와치라웃이 1910년 국왕의 자리에 올랐다. 유럽 곳곳을 여행한 경험 덕분에 그는 강대국 중심으로 재편된 세계 질서와 국가 간의 관계에 이해가 깊었다. 그는 기존 세계패권의 균형이 깨진 제1차 세계대전을 목격하면서 태국이 어떤 입장을 취해야 할지 고민에 빠졌다.

제1차 세계대전 당시 오스만제국, 독일, 오스트리아-헝가리 제국이 한편이었고 반대 진영에 영국, 프랑스, 뒤이어 합류한 미국이 있었다. 와치라웃 왕은 전황을 계속해서 살폈다. 그러다가 1917년 중반 승자의 윤곽이 조금씩 드러나자 승전국 편에 합세하여 전쟁 이후 재편될 세계에서 태국이 유리한 위치를 점할 수 있게끔 결단을 내렸다. 1917년 7월 와치라웃 왕은 중립국 선언을 철회하고 패색이 짙어가던 독일과 오스트리아-헝가리제국을 향해 선전포고했다.

선전포고 이후 태국은 1,300명 규모의 특별 부대와 비행 중대를 유럽에 파견하기 위해 훈련했고 1918년 7월 프랑스로 보냈다. 그러나 태국군은 9월이 되어서야 전선에 당도했고 제1차 세계대전은 이미 종료된 상황이었다. 와치라웃 왕이 내린 용단은 시의적절했지만 다른 승전국들이 볼 때는 다소 황당한 일이었다. 전쟁이 한창일 때는 중립국으로 있다가 뒤늦게 합류해 제대로 싸우지도 않은 태국을 승전국으로 인정할 수는 없는 일이었다. 그럼에도 태국은 승전국의 일원임을 주장하며 이전에 불평등조약으로 영국과 프랑스에 빼앗겼던 땅을 돌려달라고 했다. 영국과 프랑스가 이를 쉽게 받아들일 리 없었다.

하지만 태국은 운이 좋았다. 당시 미국 대통령이던 우드로 윌슨Woodrow Wilson이 모든 민족은 자기 운명을 스스로 결정해야 한다는 민족자결주의를 외친 것이다. 물론 윌슨의 민족자결주의는 애초 패전국의 식민지역에 해당하는 이야기였던 터라 태국은 불평등조약에서 바로 벗어날 수는 없었다. 하지만 1925년에 이르러 미국이 태국의 요청을 긍정적으로 받아들이면서 조약이 개정되었다. 이러한 짜끄리 왕조의 끊임없는 외교적 노력 덕분에 태국은 동남아시아에서 유일하게 식민 지배당하지 않은 나라로 남게 되었다.

서양의 왕국들의 호칭법을 따른 라마 ○세

태국의 짜끄리 왕조의 호칭법은 유럽 왕실에서 가져온 것이다. 예전에 유럽 왕실에서는 같은 이름을 가진 왕이 많았고, 이를 구분하기 위해 1세, 2세 등을 붙였다. 과거에는 이름이 현재처럼 다양하지 못했고 특정 이름이 선호되었기 때문이다. 또한 아버지나 할아버지의 이름을 따서 짓는 경우도 많았다. 각각의 왕을 구분하기 위해 전체 이름을 쓸 수는 없었고 이에 호칭법이 생겨났다.
이러한 호칭법을 쓰는 대표적인 국가가 프랑스와 영국이다. 프랑스의 경우 태양왕 루이 14세, 프랑스 대혁명 당시 단두대로 목이 잘린 루이 16세 등을 비롯해 루이 1세부터 루이 18세까지 있다. 영국도 과거 카톨릭 권력 구조에서 이탈해 스스로 교회의 수장이 된 튜더 왕조의 헨리 8세를 비롯해 20세기를 호령했던 엘리자베스 2세, 현재 국왕인 찰스 3세 등이 존재한다.
태국의 호칭법도 태국을 둘러싼 주변 국가를 식민지화했던 이 두 서양 국가의 영향을 받은 것이다.

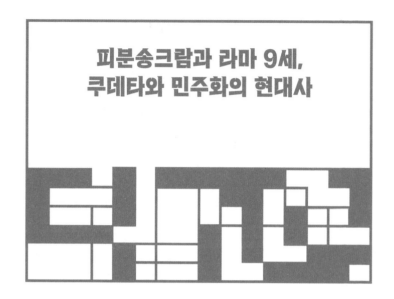

피분송크람과 라마 9세,
쿠데타와 민주화의 현대사

피분송크람의 군사 쿠데타와 입헌군주제의 등장

1910년에 라마 5세 쭐랄롱꼰 왕이 죽고 라마 6세인 와치라웃이 왕위에 올랐다. 20세기 초는 국제정세가 급격하게 변하던 혼란기였다. 일본이 러일전쟁에 승리하여 우리나라는 일제강점기가 본격화되었고, 패배한 러시아 제국은 러시아 혁명으로 로마노프 왕조가 무너지고 러시아 공화국이 들어섰다.

오랜 시간 축적된 서구 열강들의 갈등과 민족주의가 충돌했고 결국 제1차 세계대전이 촉발되었다. 이 시기 태국은 라마 6세가 나름의 대응을 했지만 1925년에 세상을 떠났고, 갑작스레 왕좌에 오른 라마 7세 프라차티뽁 왕은 국정 수행이 서

툴렀다. 여기에 1920년대 후반 세계를 강타한 대공황에서 태국도 비켜나지 못했다.

강력하게 유지되어 왔던 짜끄리 왕조 체제에 균열이 생겼다. 그러자 1932년 피분송크람 *Phibunsongkhram* 군부가 시암혁명을 통해 절대왕정 시대를 끝내고 입헌군주제를 세웠다.

● 피분송크람

평범한 과수원 집안에서 태어난 그는 육군사관학교에 입학한 뒤 1915년 소위로 임관해 1924년 프랑스로 군사학 연수를 떠났다. 당시 프랑스 사회는 18세기 말 대혁명을 시작으로 1830년의 7월 혁명, 1848년의 2월 혁명을 거쳐 민주주의가 뿌리내린 지 오래였다. 왕정 국가에서 건너온 그는 큰 충격을 받았다. 태국을 변화시켜야 한다고 생각한 그는 마음이 맞는 유학생들과 함께 1927년 조국으로 돌아와 절대군주제를 무너뜨릴 준비를 본격화했다.

1932년 6월 23일 늦은 밤, 쿠데타 주동 세력은 통신망을 차단했다. 그런 다음 중국계 시민들의 폭동을 진압한다는 거짓 정보로 방콕을 군부대로 뒤덮은 뒤 정부의 핵심 관료들을 체포하고 라마 7세 프라차티뽁 왕을 알현해 쿠데타를 마무리지었다. 라마 7세에게는 다른 선택지가 없었다. 라마 7세가 왕의 권력을 누리려고만 했던 무능한 왕은 아니었다. 그는 형인 라마 6세 와치라웃 왕 시절의 과도한 지출과 왕족의 특권 남용을 극복하고자 왕실 예산까지 삭감하며 혁신을 위해 노력했다. 그럼에도 그의 임기 5년 차였던 1929년 미국에 대공황이 발생하면서 주요 수출품인 쌀이 헐값이 되었고 국가 경제는 전반적으로 힘들어졌다. 결국 그는 쿠데타 세력을 인정할 수밖에 없었다. 그렇게 절대군주제는 막을 내렸다.

시암에서 타일랜드로

피분송크람은 태국판 새마을운동을 추진하고 서양식 생활양식을 받아들였으며 지식인을 등용했다. 그는 민족과 국가를 위한 봉사를 강조하고 짜끄리 왕조에서 사용한 시암이라는 국호를 타이족의 나라를 의미하는 '쁘라텟 타이'로 바꾸었다. 이 단어가 영어로 타일랜드*Thailand*이다. 또한 이전까지 넓게 방사형으로 나뉘었던 지역사회들을 방콕을 중심으로 통합했다. 이러한 일련의 과정은 강압적인 측면이 존재해서 곳곳에서 부작용이 발생했다. 그럼에도 피분의 영향력은 점점 더 커졌다.

1938년 그는 총리에 올랐고 반대파를 숙청했다. 랏타니욤 *Rathaniyom*이라는 전무후무한 개혁 정책을 펼치기도 했는데 일종의 민족주의 캠페인이다. 국가 안보, 국가 건설, 국민의 의무 등 정치·사회 전반에 걸쳐 지침이 담긴 '국가주의의 정석과 문화 규칙'도 발표했다. 여기에는 국산품 소비 장려와 기본적인 규율과 복장·식탁예절 등 생활양식에 대한 내용도 담겼다. 예컨대 웃통을 벗고 다니지 말 것이며, 공공장소에서는 서양식 의복을 입도록 하고, 음식은 숟가락과 포크를 사용하도록 했으며, 사생활 관리 시간·휴식 시간 등으로 하루를 구성해 따르도록 했다. 신문과 책을 읽어 교양을 갖추도록 했고, 가정일을 규칙적으로 하도록 했으며, 청결을 유지하도록 독려했다. 세계화 흐름에 맞춰 새해를 기존의 4월 1일에서 1월 1일로 바꾸기도 했다.

피분은 범타이주의 강화를 위해서도 여러 노력을 기울였다. 1939년에는 애국심을 고양하고자 국가國歌를 만들었다. 우리나라 애국가가 제작된 1935년과 비슷한 시기이다. 이는 우연이 아니다. 제1차 세계대전 이후 우드로 윌슨 미 대통령의 민족자결주의에 따라 1920~1930년대 민족주의가 점차 강해져 이는 나라를 상징하는 새로운 국가의 탄생 배경이 된 것이다. 태국의 공공장소에서는 아침, 저녁으로 국기가 게양되었고 국가가 흘러나왔다. 이때는 모두가 국기에 대한 경의를 표해야만 했다.

일본의 대동아공영권을 따른 피분송크람의 결정

앞서 소개했듯 태국은 서구 국가에 식민화되지 않은 유일한 동남아시아 국가로, 영국의 말레이시아와 프랑스의 베트남 식민지역의 완충지 역할을 했다. 그런 태국 앞에 막강한 군사력의 일본이 등장했다. 일본은 이미 20세기 초에 러시아와의 전쟁에서 승리했고 한반도를 식민화했다. 중일전쟁에서 중화민국을 압도하는 모습을 태국도 목격한 상황이었다. 이에 피분송크람은 일본과 좋은 관계를 유지하면 오랜 세월 눈엣가시였던 서구 세력을 몰아낼 기회가 될 것이라 믿었다.

그는 일본에 적극적인 개방 정책을 폈다. 1940년 태국과 일본은 항공협정을 맺어 양국을 잇는 민항기가 정기적으로 다녔다. 일본 또한 인도차이나반도 지역의 전략적 요충지가 필요했던 터라 태국의 이러한 움직임을 반겼다. 상황은 피분의 예상대로 흘러갔다. 같은 해 6월, 프랑스 제3공화국은 나치 독일에 참혹하게 패해 삽시간에 무너졌고 괴뢰정부인 비시프랑스가 들어섰다. 본국이 무너지자 베트남 지역에 주둔하던 프랑스 군대는 더 이상 일본군에 적수가 되지 못했다. 비시프랑스 정부의 지배권을 가졌던 독일은 되레 일본의 베트남 진출을 허용했다. 일본의 궁극적인 목표는 중화민국이었다. 일본은 먼저 베트남의 하이퐁과 하노이를 거쳐 중국 운남성의 주도인 쿤밍시까지 이어지는 철도를 점령했다. 이 철도를 통해 중화민국에 전쟁물자가 전해지고 있었기 때문이다. 일본의 노골적인 인도차이나반도 침략은 가속화되었고, 태국은 일본의 편에 섰다. 덕분에 태국은 일본의 중재 하에 라오스의 일부 영토를 받는 등 이권을 확대해 갔다. 태국은 일본과의 친화 전략이 인도차이나반도의 패권을 강화할 절호의 기회라 믿어 의심치 않았다.

일본의 수탈과 제2차 세계대전의 책임을 피한 태국

하지만 일본의 엄청난 야욕에 태국이 계속해서 보조를 맞추기는 어려웠다. 일본은 말레이시아와 버마의 영국군을 공격하기 위해 태국에 육로를 열어달라고 요청했으나 태국은 차일피일 답변을 미루었다. 이에 마음이 급했던 일본은 1941년 12월 8일 태국의 남부 지역을 침공했다. 경찰과 민병대, 소년의용병이 일본군을 저지하려 맞섰으나 태국 측 사상자는 늘기 시작했다. 화들짝 놀란 피분은 주태국 일본 대사였던 쯔보카미 테이지를 긴급히 만나 신속하게 일본의 요구를 받아들여 상황을 일단락시켰다. 이후 태국은 군대의 공격과 수비를 일본과 함께하는 공수 동맹까지 체결했다. 피분은 일본을 위대한 친구로 칭하며 일본의 편에 섰다.

하지만 둘의 관계는 변질되기 시작했다. 일본이 태국을 동반자로 여겨 함께 이권을 나눌 것이란 믿음은 예상과 달랐다. 일본은 각종 전쟁 비용을 태국에 전가했으며 식량도 수탈했다. 태국 경제는 점점 더 어려워졌다. 팟타이*Pad thai*와 같은 국수 요리가 유명해진 것도 당시 식량이 부족한 상황에서 정부가 국수

소비를 장려했기 때문이다. 일본의 간섭은 동맹국의 수준을 넘어섰다. 공용어를 일본어로 쓰도록 했으며 태국의 문자 체계까지 손을 대 문화까지 말살하려 했다. 불행 중 다행은 1945년 일본이 제2차 세계대전에서 패망하여 더 이상 태국에 어떠한 영향도 끼치지 못하게 되었다는 것이다.

이후 태국은 어떻게 되었을까? 일본을 적극 지원했으니 추축국으로 분류되었을까? 태국은 운이 좋았다. 피분은 겉으로는 일본을 적극 지원하는 척했지만 뒤로는 중국과 비밀리에 내통하여 반일 운동을 지원하는 등 전쟁의 동태를 살피며 조금씩 거리를 두었다. 그는 일본이 주도한 대동아회의에도 불참하고 1944년 8월에는 총리직에서도 사임했다. 그의 후임으로 주미국 태국 공사였던 세니 쁘라못이 총리에 올랐는데, 그는 자유태국운동을 조직하여 반일 투쟁에 앞장섰던 투사였다. 덕분에 태국은 재빠르게 노선을 바꾸어 전쟁의 책임을 면할 수 있었다.

1946년부터 70년간 재위한 성군 라마 9세 푸미폰 왕

피분송크람과 함께 태국의 현대사를 관통하는 중요한 인물이 있다. 라마 9세 푸미폰 아둔야뎃*Phumiphon Adunyadet* 왕이다. 그는 1946년 6월에 즉위해 서거한 2016년 10월까지 70년이

● 민중을 보살피는 젊은 시절의 라마 9세   ● 황금빛 옷을 입은 라마 9세

넘는 세월 동안 태국을 통치했다. 그가 재임하는 동안 해리 S. 트루먼에서 버락 오바마까지 무려 열두 명의 미국 대통령이 탄생했으니 실로 엄청난 기간이다. 그가 즉위했던 초기에는 왕권은 약하고 피분 총리의 영향력이 막강했지만 시간이 흐르며 그의 역할은 점차 커져갔다. 격동하는 태국 현대사의 구심점 역할을 하며 국민의 존경과 사랑을 받은 그는 짜끄리 왕조를 창시한 라마 1세는 밀려오는 서구 세력의 압박 속에 성공적인 근대화를 이룬 라마 5세와 더불어 현재의 태국을 있게 한 위대한 왕으로 꼽힌다.

그가 재임하는 동안 쿠데타가 지속되었고 17회에 걸친 개헌이 있었다. 대략 4년마다 개헌이 있었던 셈이다. 1932년 피분은 쿠데타를 일으켜 입헌군주제를 확립했지만 국민적인 지지를 받기 위해 왕이 필요했다. 18세기 말부터 오랜 기간 태국의 정신적 지주 역할을 한 왕의 승인을 취함으로써 정통성을 인정받으려 한 것이다.

푸미폰 왕이 즉위한 이후 왕실은 위상을 점차 회복했는데, 그 회복 과정에 일본의 패망 후 전범재판에 회부되었다가 무죄를 받고 기사회생한 피분송크람이 있었다. 그는 1947년 다시 군사 정변을 일으켜 실권을 잡았다. 당시 세계 질서의 흐름을 주도하던 세력은 연합군 측이었고 미국은 그 중심에 있었다. 이에 피분은 미국식 민주주의를 표방하며 미국으로부터 경제적인 원조를 받고자 했다. 이러한 피분의 정책 방향은 우리나라에도 도움이 되어 1950년 한국전쟁이 발발했을 때 태국군이 아시아에서 가장 먼저 도움의 손길을 주었다. 태국은 공군을 시작으로 육군과 군함 3척의 해군을 포함해 약 6,300명을 파병했다. 이 외에도 4만 톤의 쌀을 지원하며 한국전쟁 승리에 기여했다.

이렇게 피분의 통치하에 태국은 국력을 조금씩 회복했다. 하지만 단기간에 가난을 극복하기는 쉽지 않았다. 실권은 피분이 갖고 있었지만 일본 침략기에 우여곡절을 겪은 그가 다시 정치 전면에 나서는 것은 부담스러운 일이었다. 그래서 피분은 본인이 아닌 푸미폰 왕이 국민 앞에 나서도록 했다. 태국판 새마을 운동인 '로열 프로젝트(국왕 개발 계획)'가 그중 하나다. 이는 자급자족형 농업개발계획으로 가뭄이 들어도 농사를 지을 수 있도록 각 지역에서 관개시설을 완비했으며, 일부 고산지대에서는 딸기나 포도 등 황금작물을 재배토록 해 안정적인 이익을 얻을 수 있게 했다.

푸미폰 왕은 그 전 왕들과는 달랐다. 가난한 농촌 구석구석을 찾아다니며 민중의 삶으로 들어갔다. 단지 형식을 중시한 보여주기가 아니었다. 매년 300일 넘게 현장을 다닐 정도였다. 그뿐만 아니라 푸미폰 왕은 낡고 오래된 양복을 입을 만큼 검소한 삶을 살고자 노력했다. 이와는 별개로 왕실 자산은 수십조 원에 달할 만큼 규모가 커졌지만 말이다.

1958년 군부 인사들이 정변을 일으키자 피분은 국외로 추방되고 미국의 지원으로 사릿 타나랏^{Sarit Thanarat}과 그의 동료 타놈 끼띠카쫀^{Thanom Kittikachorn}이 전면에 등장했다. 그럼에도 푸미폰 왕은 영향을 받지 않고 왕위를 계속 유지했다.

1959년 총리에 올라 잔혹한 독재 정치를 펼친 사릿 타나랏이 1963년 건강에 문제가 생겨 사망하자 그와 함께 쿠데타를 일으켰던 타놈 끼띠카쫀이 총리직을 수행했다. 타놈은 초기에는 반공을 모토로 미국의 입맛에 맞는 무난한 통치를 했으나 미국이 베트남 전쟁에서 패하고 인도차이나반도에서 영향력이 줄자 독자적인 행동을 하기 시작했다. 미국을 휩쓸었던 반공산주의 사상인 매카시즘을 이용해 반대파를 숙청하고 1971년에는 의회를 강제 해산시켰으며 5인 이상 집회를 금지했다. 하지만 베트남 전쟁에서 밀린 남베트남 지역의 난민들이 국경을 넘어오면서 치안은 점차 악화했고, 이에 더해 인구의 폭증으로 농사를 지을 경작지가 부족해지면서 먹고 살기가 점차 어려워졌다.

경제적으로 심각한 지경에 이르자 전국 명문대학 학생들이 NSCT라는 단체를 창설해 경제를 악화시키는 데 일조한 일본 상품 보이콧 캠페인을 벌였다. 타놈 정부는 집회를 금지했지만 국가주의를 자극하고 국민적인 지지를 얻은 캠페인이라 이를 무작정 해산시키기는 쉽지 않았다. 이러한 과정에서 정부의 폭정과 무능함에 대한 풍자물이 대학가에 돌았고 반정부 시위도 빈번해졌다. 하지만 타놈의 군부 독재 세력은 탄압을 자행했고 마침내 1973년 10월 대대적인 학생 폭동이 일어났다. 이때 군대의 발포로 수많은 학생이 다치고 죽자 전 국민적인 반대 여론이 생기면서 시위가 태국 전역에 들불처럼 번졌다. 이는 타놈의 실각뿐 아니라 자칫 왕권에까지 영향을 줄 수 있는 상황이었다. 푸미폰 왕은 결단을 내려야 했다. 그는 국정 파트너였던 타놈 총리가 물러나도록 지시했다. 태국 국민은 왕의 결정을 일종의 구원으로 느꼈다. 국가가 어려울 때 이를 해결해 주는 큰 존재라며 푸미폰 왕에 대한 절대적이 믿음과 존경심을 보였다.

푸미폰 왕은 이후에도 일촉즉발의 정치적 위기 순간마다 중재자 역할을 했다. 1992년 수찐다 크라쁘라윤 *Suchinda Kraprayoon*

군부가 '검은 5월 사건'을 일으키고 의회를 해산하자 방콕의 시장이었던 잠롱 스리무앙*Chamlong Srimuang*을 중심으로 민주화운동이 발발했는데, 경찰이 시위대를 진압하는 과정에서 총기를 발사, 결국 유혈사태까지 벌어진 일이 있었다. 이때 푸미폰 왕이 왕궁으로 수찐다와 잠롱을 소환했고 그 둘은 왕실의 예법에 따라 푸미폰 왕 앞에 무릎을 꿇었다. 이 자리에서 푸미폰 왕은 수찐다의 쿠데타를 인정하지 않는 모습을 보였고 이는 TV로 중계되었다. 국민들은 다시 한번 푸미폰 왕을 믿고 따르게 되었다. 물론 그에 대한 평가가 칭찬 일색인 것만은 아니다. 2000년대에 이르러 발생한 쿠데타는 방치했다는 비난도 있다. 그럼에도 태국인들은 오랜 기간 태국 사회에서 큰 어른 역할을 해온 푸미폰 왕을 사랑하고 여전히 그리워한다.

부왕이 서거한 2016년 아들인 라마 10세 마하 와찌랄롱꼰*Maha Vajiralongkorn* 왕이 64세의 나이로 왕위에 올랐다. 그는 1972년에 차기 왕위 계승자로 지명되어 무려 44년을 왕세자로 지냈다. 그의 삶은 찰스 3세와 많이 닮았다. 현재 영국과 영연방 왕국의 국왕인 찰스 3세는 가장 고령인 73세로 왕위에 즉위했다. 3살 때 왕위 후계자로 지목되어 엘리자베스 2세 영국 여왕이 서거할 때까지 무려 70년간을 왕세자로 있었던 것이다. 와찌랄롱꼰 왕은 2018년 5월 왕실의 사무와 경비를 담당하는 정부 기관을 국왕 직속으로 이관했다. 또한 왕실자산구조법을 제정해 정부의 견제를 줄이고 왕실의 권한을 강화해 가고 있다.

함께 생각하고 토론하기

짜끄리 왕조는 영국, 프랑스 등 서구 세력이 침략을 목적으로 다가오자 맞서지 않고 불평등 조약을 수용했습니다. 개항으로 인해 일부 영토를 잃고 경제적으로도 피해를 보았지만 되레 그들과 적극 교류하며 새로운 문물을 받아들였습니다.

● 우리나라도 다른 나라의 문화적 특성을 적극 받아들이고 결합한다면 어떤 것들이 있을까요? 어떤 나라의 어떤 특성이 결합하면 시너지를 낼 수 있을까요?

피분송크람은 1932년 군사 쿠데타를 일으키고 오랜 기간 독재를 했습니다. 국가 주도로 태국인의 하루 일과 지침까지 만들어 이행토록 했지요. 과도한 조치였지만 위생을 비롯해 사람들의 전반적인 일상생활을 개선한 측면도 있습니다.

●● 피분송크람이 추진했던 국가 주도의 생활양식 지침은 강제성을 띠었다는 점에서 바람직하지 않은 면이 있습니다. 그렇다면, 국민들의 동의를 전제로 공공의 선을 위해 서로가 지키면 좋을 기본 원칙*Ground Rule*을 국가 차원에서 정한다면 어떤 게 있을까요?

4부

문화로 보는
태국

물과 배는 서로 의지하고 호랑이와 숲도 서로 의지한다.

Water and boats depend on each other, and tigers and forests

also depend on each other.

- 태국 속담

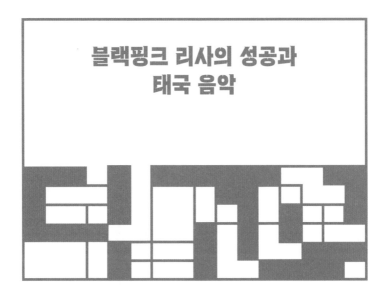

블랙핑크 리사의 성공과 태국 음악

태국의 음악은 다채롭다. 감성 가득한 발라드, 밴드가 돋보이는 록rock 음악을 비롯해 펑키한 리듬의 세션 연주까지 고루 인기가 높다. 장르별 차이는 있지만 태국의 음악을 듣고 있자면 따뜻한 여름의 나른함과 여유가 느껴진다. 여기에 더해 온몸을 들썩거리게 만드는 태국 이싼 지방의 트로트를 담은 음악과 새롭게 떠오르는 힙합까지, 태국어를 몰라도 충분히 음악적인 즐거움을 느낄 수 있다.

태국에서 라리사 마노반*Lalisa Manoban*이라는 이름을 모르는 사람은 거의 없을 것이다. 한국의 대표 걸그룹 중 하나인 블랙핑크의 태국 멤버 리사의 본명이다. 그녀는 전 세계적으로 인기 있는 셀럽이다. 2023년 4월 태국에서 새롭게 발견한 꽃이 있는데 그 꽃 이름에 '라리사'라는 학명을 붙일 정도이다.

리사의 성공에 많은 태국인이 열광하는 이유는 노력으로 성공할 수 있다는 희망을 준 아이콘이기 때문이다. 여기에는 태국 사회의 이해가 필요하다. 태국 사회는 크게 하이쏘와 로쏘 그룹으로 나뉜다. 태국의 1인당 GDP는 주변 국가인 베트남, 인도네시아, 필리핀 평균에 비해 1.7배 정도 높지만 빈부격차가 매우 심각하다. 하이쏘는 하이 소사이어티*high society*의 약자로 약 100억 원 이상의 재산을 가진 상류층을 말한다. 그들은 재력을 바탕으로 사회적으로 영향력을 갖는다. 외모를 출중하게 가꾸며 해외 명품 브랜드를 즐겨 착용하는 등 패션에도 신경을 쓴다. 이들은 사회 주요 계층과 긴밀한 인맥을 구축해 그들만의 리그를 만든다. 과거 우리나라 여러 재벌가가 혼맥으로 서로 긴밀하게 이어졌듯 말이다. 젊은 층은 다른 하이쏘들과 어울리며 파티를 즐긴다. 하이쏘 계층은 왕족, 귀족, 그리고 몇 세대에 걸쳐 경제적으로 부를 일군 주류 화교가 주로 해당한다.

하이쏘의 반대는 로쏘이다. 로우 소사이어티*low society*의 약자이다. 서민을 통칭하는 단어다. 서민들이 사업에 성공해 부를 축적해 하이쏘로 들어가기란 쉽지 않다. 특정 분야의 사업은 고위 기득권 세력이 독점하고 있고, 오랫동안 견고하게 구축해 온 하이쏘 세계의 진입장벽이 높기 때문이다. 걸그룹 여자아이들의 민니와 과거 보이그룹 2PM의 닉쿤이 대표적인 하이쏘이다. 민니를 예로 들어보면, 그의 아버지는 태국에서 가장 오래된 은행인 시암 상업 은행*Siam Commercial Bank*의 부사장을 역임했다. 민니의 조부모는 태국에서 초호화 리조트를 운영 중이다. 그의 삼촌은 태국에 클래식을 전파하고 확대하는 데 주요한 역할을 한 연주가이다.

반면 리사는 일반 가정에서 태어났다. 태국 사회의 분위기를 고려할 때 리사가 지금처럼 유명한 스타가 되는 일은 상상하기 어렵다. 어린 시절부터 춤을 추면서 꿈을 키워왔고, 오디션에 합격한 후 중학교 때 한국으로 건너와 수년간 연습생으로 생활하면서 한국어를 습득했다. 많은 어려움이 있었을 테지만 리사는 그 과정을 이겨내고 세계적인 스타가 되었다. 특히나 태국 인구의 대부분을 차지하는 로쏘에게 리사는 신격화될 만큼 대표적인 롤모델이다.

리사의 파급력은 상당하다. 거의 1억 명에 달하는 사람이 그녀의 SNS 계정을 팔로잉하고 있고, 그녀의 일상은 수많은 팬에게 항상 화젯거리이다. 전 세계에서 100위 안에 드는 팔로워가 있는 인물이라 그가 경험한 장소, 옷, 음식 하나하나가 주목받는다. 그가 SNS에 올린 사진에 입고 있는 옷과 들고 있는 가방은 금세 품절될 정도다. 한 번은 리사가 태국 전통 치마를 입고 방콕의 북부 도시인 아유타야 곳곳을 여행했는데, 이후 아유타야 지역 경제 활성화에 많은 도움이 되었다고 한다.

리사의 솔로곡 〈라리사*LALISA*〉의 뮤직비디오에 나온 태국 파놈룽 역사공원*Phanom Rung Historical Park•*은 추후 많은 사람이 찾는 관광지로 다시 한번 화제에 올랐다. 또한 뮤직비디오에서 착용했던 태국 전통 양식의 황금빛 머리 장식 랏 끌라오*Rat Klao*는 태국 전통 장신구를 전 세계에 홍보하는 데 엄청난 역할을 했다.

전설적인 록밴드 카라바오와 무슬림밴드 라바눈

태국 음악을 이야기할 때 록밴드를 빼놓고 이야기할 수가 없다. 태국의 대표 록밴드 한 팀을 꼽으라면 카라바오가 있다. '물소'라는 뜻을 가진 카라바오는 1981년에 밴드팀을 결성하여 현재까지 40년이 넘도록 활동하고 있다. '영국 프리미어리

• 파놈룽 역사공원이 있는 태국 북동쪽 부리람(Buriram)은 규모는 작지만 크메르 양식의 건물이 잘 보존된 역사 도시이며 리사의 고향이기도 하다.

● 카라바오 밴드

그 카라바오 컵과 이름과 같은 건가'라는 생각이 들지도 모르겠다. 놀랍게도 둘 사이에는 직접적인 관계가 있다. 밴드의 리더인 윤용 오파쿤이 에너지 드링크 회사인 카라바오 그룹을 만들었고 이후 이 회사가 2017/2018 시즌부터 해당 대회를 후원해오고 있다. 이 대회의 원제는 영국 축구 리그 컵*English Football League Cup*이다.

록밴드 카라바오의 태국 인기는 상당하다. 몇 명의 멤버가 바뀌었어도 밴드는 계속 유지되어 최근까지도 공연하고 있다. 그들은 국민밴드로 불린다. 가사에도 태국인의 정서가 많이 녹아있다. 대표곡 중 하나인 〈짜오 딱〉의 가사에는 아유타야 왕국 시절 버마의 적군을 물리치는 딱신 대왕과 태국군의 비장

● 라바눈 밴드

함이 담겨있다. 카라바오는 초기에는 포크 음악 스타일을 추구
했으나 시대의 흐름에 따라 서양의 록을 접목하며 음악적 저변
을 확대했다. 오랜 세월 인기를 얻을 수 있었던 배경에는 음악
적 다양화를 향한 꾸준한 노력이 있었다.

　또 하나의 대표 밴드로 라바눈*Labanoon*이 있다. 1998년 데뷔
한 뒤 중독성 높은 펑키한 록으로 인기를 얻고 있다. 그들은 태
국의 주류가 아닌 이슬람계 대학교에서 만난 무슬림 청년 셋
으로 밴드를 결성했다. 라바눈은 아랍어로 '신선한 우유'를 뜻
하는데, 노래를 우유처럼 단순하게 만들고 싶어 지은 이름이라
고 한다. 수많은 히트곡 중 2015년에는 발매한 〈츠악위셋〉은
공전의 히트를 기록했다. '마법의 끈'이라는 뜻의 이 노래 유튜

브 조회 수는 무려 5억 5,000만 회에 이른다.

어깨춤이 절로 나는 태국식 트로트, 룩퉁

태국에서 탈 것을 이용하다 보면 기사님이 한국의 트로트와 비슷한 음악을 트는 경우를 자주 볼 수 있다. 또 지역 축제에 가면 무대 위에서 빠른 리듬에 신명 나는 태국 트로트를 부르는 가수를 볼 수 있다. 태국 트로트 룩퉁*Luk Thung*이다.

룩퉁은 '들에서 자란 아이'라는 뜻인데, 주로 전원생활을 주제로 하고 있다. 실제 농촌의 닭 울음소리로 시작하는 노래도 있다. 보컬의 기교 있는 멜로디가 주를 이루며 화려한 기타 반주와 리듬감 있는 드럼 소리로 어깨를 들썩이게 하는 음악이다. 룩퉁은 시장이나 축제에서 많이 불러서 '시장의 노래'라고 부르기도 한다. 결혼식 피로연에도 빠지지 않고 등장한다. 마을 주민 모두가 춤을 추면서 즐기는 우리네 트로트와 비슷하다. 혹 부모님과 함께 태국을 여행하게 된다면, 꼭 한번 경험해 보면 좋을 음악이다.

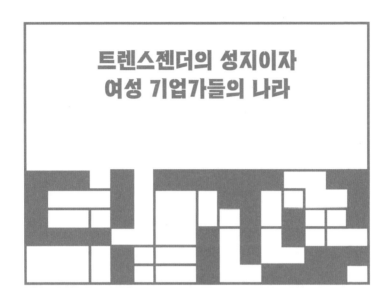

트렌스젠더의 성지이자
여성 기업가들의 나라

왜 태국은 트랜스젠더의 성지일까

태국은 성소수자, 트랜스젠더의 수도라 불리는 대표적인 나라다. 성전환 수술의 메카로도 알려져 있다. 파타야에는 트렌스젠더들의 세계 3대 쇼인 알카사르 쇼*Alcazar Show*가 열려 아름다운 트랜스젠더 무희들이 화려한 의상을 입고 공연을 한다.

그렇다면 태국은 어떻게 트랜스젠더의 성지가 되었을까? 아시아권에서는 트랜스젠더와 관련해 보수적인 인식이 강한데, 태국에서는 트랜스젠더를 거부감 없이 받아들인다. 여기에는 여러 설이 있다.

먼저, 이웃 국가이자 오랜 숙적인 버마와의 전쟁이다. 태국은 아유타야 왕국 시절 버마와 끊임없이 전쟁을 치렀다. 태국의 이순신 장군이라 할 수 있는 나레쑤언 왕이 등장해 승리를 거두긴 했지만 끊임없는 전쟁 탓에 젊은 남자 대부분 국가의 소집령에 따라 전쟁터에 나가야만 했다. 태국 사람들은 남은 가족의 생계를 유지하고 집안의 대를 잇기 위해 사내아이들을 지켜야 했다. 이런 이유로 여장을 시켜 속여 키우거나 평생을 여자로 살아가도록 했다는 설이다.

두 번째는 토속 종교와 관련된 설이다. 주술적 차원에서 남성 무당들이 여성 복장을 착용하고 여성스러운 모습으로 활동을 하는데 이게 '까터이'라는 전통으로 자리 잡았다. 까터이에는 자웅동체 개념이 있다. 몸은 남성이지만 여성의 정신을 가진 이를 의미한다. 이런 맥락에서 남자가 여성처럼 치장하는 모습도 흔히 볼 수 있는 풍경이 되었다. 실제 과거 19세기에만 해도 짜끄리 왕실에는 남자로 구성된 궁중 무용단이 있었다. 소년들을 선발해 여성화 교육을 한 뒤 성인이 되면 여성 역할의 춤을 추도록 한 것이다.

또한 태국은 불교가 중심인 국가이다 보니 기독교나 이슬람교 교리와는 달리 트랜스젠더에 대해 자유로운 편이다. 불교의 대표 경전인 〈유마경〉에도 성별은 내세의 지칭일 뿐 고정된 성별은 없다고 하여 이를 뒷받침하고 있다.

우리의 보편적인 시선으로 바라보면 태국 사회가 좀 이상해 보이지만 긍정적으로 바라보면 개인의 자유를 존중하는 국가

임이 분명하다. 태국은 누구나 원하는 대로 살아갈 수 있게 다양성을 용인하는 사회적 분위기가 형성되어 있다. 여기에는 남을 평가하거나 간섭하지 않는 태국인들의 성향도 한몫한다. 물론 정책까지 100% 갖춰진 것은 아니다. 트랜스젠더는 공직 진출이 제한되고 정부의 의료 혜택이나 복지에서 사각지대에 있는 경우도 있다. 또한 태국은 징병제 국가라서 신체적으로 완전한 성전환을 한 경우가 아니면 징집 대상이 된다. 다른 태국 남성과 똑같이 의무적으로 신체검사를 받고 군 복무자를 결정하는 제비뽑기를 해야 한다.

세계에서 가장 예쁜 트랜스젠더, 농 포이

태국 파타야에서는 매년 5월 중순경에 엄청난 규모의 미인대회가 열린다. 대회 이름은 '미스 티파니 유니버스*Miss Tiffany's Universe*'. 3월부터 오디션을 진행해 5월에 본선이 열리는 이 대회는 트랜스젠더 여성들을 위한 미인대회로 1998년에 시작되었다. 이 대회는 그들만의 리그가 아니다. 무려 1,500만 명에 이르는 시청자를 보유한 태국의 TV 채널로 송출되며 우승자에게는 자동차, 상금, 왕관 등 후원사들이 준비한 푸짐한 선물이 준비되어 있다. 2004년부터는 파타야에서 '미스 인터내셔널 퀸*Miss International Queen*'이라는 국제 대회까지 열리고 있다.

● 알카사르 쇼

● 농포이와 그의 남편

트렌스젠더 미인 중에 대표적인 셀럽을 꼽자면 농 포이*Nong Poy*를 들 수 있다. 본명은 트리차다 페차라*Treechada Petcharat*이며 18세에 성전환 수술을 받았다. 2004년 미스 티파니에서 우승하고, 태국 대표로 출전한 미스 인터내셔널 퀸에서도 우승을 차지한 그는 이후 가장 아름다운 트랜스젠더라는 별명을 얻었다. 홍콩과 태국의 TV 프로그램과 영화에 출연하며 더욱 명성을 얻었고 화장품 모델로도 활동하고 있다. 그러던 중 2023년 초에 세상을 또 한 번 놀라게 했는데, 태국의 재벌인 오크 파콰 홍욕*Oak Phakwa Hongyok*과 결혼한 것이다. 흥미로운 점은 둘은 20년 이상 알고 지낸 사이였다는 것이다. 형-남동생으로 만났던 사이가 오빠-여동생의 연인이 되었고, 둘은 백년가약을 맺었다.

여성 기업가의 나라

남성이 여성으로 성전환 수술하는 데 거부감이 없는 태국에서 여성들의 사회적 위치는 어떨까? 태국을 비롯한 동남아 국가들을 모계사회로 규정하는 경우가 많은데, 꼭 그렇지만은 않다. 모계사회로 바라보는 이유는 사회에서 일하는 여성이 많다는 점인데, 실제 현실은 만만치 않기 때문이다. 여전히 남성과 여성 사이에 급여 차이가 크고 조직 내에 보이지 않는 유리

천장이 존재한다. 다만 예로부터 가족을 지키기 위해 여성들이 강인하고 생활력을 발휘한 측면 탓에 모계사회로 인식하는 경우가 많은 듯하다.

2010년 여성인 잉락 친나왓*Yingluck Shinawatra*이 태국 총리로 선출된 바 있다. 총리는 왕 다음으로 가장 서열이 높은 자리다. 당시 그의 나이는 43세에 불과했다. 겉으로 봤을 때는 능력 있고 유능한 젊은 여성의 성공 신화처럼 보인다. 하지만 그 과정을 자세히 들여다보면 이야기가 달라진다. 그의 성공에는 2001년부터 6년 동안 태국의 총리직을 수행한 그의 친오빠 탁신 친나왓*Thaksin Shinawatra*이 있었다. 탁신 친나왓은 예전 총리와는 달리 서민들을 위한 정치인이라는 이미지가 강했다. 기업 CEO로서의 경험을 살려 농어촌 문제를 해결하고 의료보험 정책을 도입해 서민들 누구나 치료를 받을 수 있게 했다. 또한 IMF 외환위기로 무너진 경제 회복을 위해서도 노력했다. 사익을 쫓는 재벌 정치인이라는 시선도 일부 있었지만 그의 입지는 견고했다.

그런 탁신 친나왓이 2006년 쿠데타로 총리직에서 물러나자 그에 대한 국민들의 향수가 잉락 친나왓을 총리의 자리까지 이끈 것이다. 그의 당선에 있어 탁신의 후광을 무시할 수 없다. 잉락 친나왓 또한 통신사 CEO를 역임했고 뛰어난 리더이기는 했으나 정치적 경험은 전무했다. 이는 현실적으로 여성이 정치적 자산을 쌓을 기회가 적기 때문이다. 실제 태국 의회에서 여성의원의 비중은 단 5%에 불과하다. 이는 아시아 평균인 20%에 비해 상당이 낮은 편이다.

반면 일반 기업의 상황은 다르다. 사회생활에 참여하는 여성 직장인이 많고 관리직에도 태국 여성이 적지 않게 종사하고 있다. 태국 기업의 CEO 중 여성 비중은 24% 달하는데, 이는 아시아 평균인 13%에 비해 현격히 높은 편이다. 중견 기업의 상위 관리직 여성 비율은 32% 수준에 이른다.

2019년 유엔개발계획*UNDP*의 성불평등지수*Gender Inequality Index*에 따르면 태국은 162개 국가 중 80위 수준이다. 그리 높은 수준은 아니지만, 이는 그동안 태국 정부가 평등한 사회 만들기에 많은 공을 들여온 성과이다. 여성 평등과 관련한 제도의 효시는 피분송크람이 제정한 「여성 보호법」이다. 그는 여성의 사회적 지위를 올리고자 '태국의 영혼은 태국 여성으로부터'라는 슬로건 하에 여성이 사회에서 동등한 자격으로 일할 수 있도록 했다. 2015년 9월에는 「성평등 법」이 제정되어 교육·고용 분야에서 여성에 대한 차별을 금지하고 있다. 차별행위가 적발되면 6개월 미만의 징역 또는 2만 밧(약 75만 원) 이상의 벌금을 내야 한다. 안타까운 점은 군 주도의 반복되는 쿠데타가 사회 전반을 장악하면서 여성의 사회 진출 기회가 점점 줄어드는 실정이라는 사실이다.

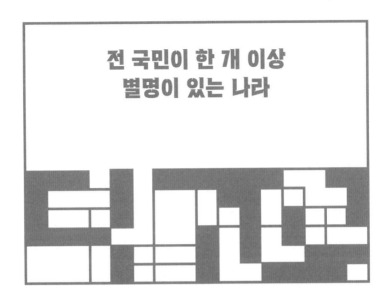

전 국민이 한 개 이상
별명이 있는 나라

태국에서는 친구나 직장 동료가 성과 이름을 한꺼번에 외워서 부르는 경우가 드물다. 길고 복잡하고 발음이 쉽지 않은 실제 이름 대신에 별명으로 부르는 문화가 있는데, 이를 츠렌*Chue len*이라 한다. 별명은 태국인을 새롭게 이해할 수 있는 재미있는 문화이다. 이름이 만들어지는 이유와 별명이 만들어지는 과정을 알게 되면 더더욱 재밌다.

좋은 의미가 가득 담긴 이름 대신 별명 부르기

태국에서 부모가 아이들의 이름을 지을 때는 불교의 좋은 의미나 태어난 날과 연관이 있는 이름으로 작명한다. 불교 용어가 들어간 좋은 의미를 지닌 불교 용어가 이름에 들어가다 보니 때로는 상대적으로 길고 어렵고 발음도 쉽지 않은 이름으로 작명된다. 짧게 부를 수 있는 별명의 필요성이 생기는 것이다.

태국에서 별명을 짓는 방법 중 첫 번째는 주변 동물이나 사물의 이름 또는 생김새를 보고 만드는 것이다. 환경 부분 엔지니어이며 여성 직장 동료인 타다랏 깨우프라둡*Tadarat Kaewpradub*은 별명이 '따*Ta*(눈)'였는데, 어렸을 때 눈이 커서 부모님이 지어준 것이 별명이 되었다. 회계 부분의 여성 직장 동료인 파챠린 요카사이*Patcharin Yokasai*는 별명이 '꼽*Kob*(개구리)' 이었는데, 어렸을 때 개구리처럼 바닥에 누워있는 것을 좋아하다 보니 붙여진 별명이라 했다. 태국 SCG 그룹에서 기계 엔지니어로 일하는 친구 타나욧 차티카바니즈*Thanayoth Chatikavanij*의 별명은 태국 열대 과일인 '잭프룻*Jack fruit*'의 태국어 발음인 '카논*Kanon*'이었다.

두 번째 방법은 실제 이름을 줄여서 부르는 것이다. 태국 출신 블랙핑크 멤버인 라리사 마노반*Lalisa Manoban*도 이름을 줄여서 '리사'라고 불린다. 인사 부서의 여성 직장 동료인 리차로엔 초티로스*Leecharoen Chotiros*는 어렸을 때 친구들이 이름을 줄여서 부른 '초리*ChoLee*'가 별명이 되었다고 한다. 행정 부서 여성 직장 동료인 누차리 '피툭*Nucharee Pituk*'은 앞 글자 일부분만 따서

'누치^{Nuch}'로 불린다. 누치는 '정숙한 여인'이라는 뜻이 있기에 어렸을 때부터 그리 불렸다고 한다. PTT 그룹에서 기계 엔지니어로 일하는 에린 옹가트시티굴$^{Erin\ Ongartsittigul}$은 '린^{Rin}'이라는 별명을 가지고 있다.

세 번째 방법은 부모님이 지어준 별명이 그대로 별명이 된 경우이다. 행정 부서 직장 동료인 위숫 라타나비세차이^{Wisut} ^{Rattanavisedchai}는 어렸을 때 부모님이 부른 '젊은 남자'라는 뜻의 '눔^{Noom}'이 별명이 되었다. 자재 부서의 직장 동료인 사라웃 $^{Sarawut\ L.}$은 부모님이 '건강하라'는 의미로 '켕^{Keng}'이라고 불렸는데 그대로 별명이 되었다.

태국에서 별명은 상당히 중요하다. 입사를 위해 이력서를 제출할 때도 이름, 성을 쓰는 빈칸 옆에 별명을 쓰는 난이 따로 있을 정도이다. 이는 태국에서 별명이 차지하는 비중이 크다는 사실을 의미한다. 직장생활을 할 때도 처음에는 이름 앞에 '미스터/미즈'라는 뜻의 '쿤^{Khun}'을 붙이지만 친밀감이 생긴 후에는 이름 대신 별명을 부른다. 단 처음부터 별명을 부르면 상대가 언짢아할 수 있으므로 별명을 부르는 시점은 잘 파악해야 한다.

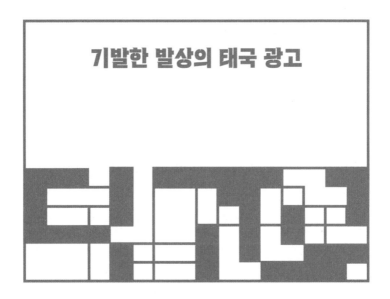

기발한 발상의 태국 광고

충분한 스토리텔링으로 이루어진 태국의 광고를 한 번이라도 보았다면 그 매력에 빠져 계속 검색하게 될 것이다. 태국 광고를 안 본 사람은 있지만 한 번만 본 사람은 드물다는 말이 있다.

유머와 해학, 감동까지 녹아있는 태국 광고는 꽤 매력적이다. 태국은 국제 광고제에서 항상 아시아 국가 중 상위권을 차지한다. 태국 광고가 이렇게 성공적일 수 있었던 데는 광고주의 간섭이 거의 없다는 데 있다. 태국의 광고주들은 핵심적인 키워드만 제시하고 창의적인 부분은 전적으로 광고 에이전시에 맡긴다. 그중에 인상 깊었던 광고 세 편을 소개한다. 광고를 통해 태국인의 문화와 감성을 충분히 느낄 수 있을 것이다.

스토리텔링 중심의 가슴 먹먹한 광고

　태국 광고의 큰 특징은 스토리텔링을 중요하게 생각한다는 점이다. 태국인의 대표적인 성향 중 하나가 타인에 대한 공감이다. 이를 두고 혹자는 숫자보다 감성에 반응한다고 분석하기도 한다. 이러한 특성 때문인지 몰라도 태국 광고에는 감성을 자극하는 스토리텔링이 많다.

　태국 통신사 TrueMove H의 광고인 〈베푸는 것이 최고의 의사소통이다*Giving is the best communication*〉라는 작품은 스토리텔링을 중심으로 가슴 먹먹한 감동을 끌어낸 작품이다. 한국에서도 '눈물 참기 도전 영상'에 빠지지 않고 나왔다.

　이 광고는 국숫집을 운영하는 아저씨의 선행과 관련된 이야기다. 아저씨는 시장에서 국숫집을 운영하면서 항상 어려운 사람을 도와주었고 어린 딸은 그런 아버지의 모습을 보면서 자라왔다. 어느 날 시장에서 어린 남자아이가 약을 훔치다 걸렸다. 나이 많은 아주머니가 아이에게 혼내는데 아이는 어머니에게 주고 싶어서 훔쳤다고 답한다. 이 모습을 본 국숫집 아저씨가 아주머니를 제지하고 어머니가 아프시냐며 약값과 함께 자신이 팔던 야채수프를 포장해 아이를 돌려보냈다.

　30년이 지나 뇌경색으로 국숫집 아저씨가 병원에 입원하고 어린 딸은 의식 없는 아빠 옆에서 눈물을 흘리다가 선잠에 들었다 깨어났는데, 병원비 내역서가 앞에 놓여 있었다. 병원비는 0밧이었고 그 옆에 30년 전의 약값과 야채수프로 모든 의료비는 이미 정산되었다는 문구와 함께 의사의 서명이 적혀 있었다. 국숫집 아저씨의 선행이 어린 남자아이에게는 큰 도움이었고, 이를 잊지 않고 의사로 성공해 다시 베푼 것이다. 선의를 가지고 도움을 주며 베푼 삶이 최고의 의사소통이라는 이야기를 담아낸 광고다.

유머가 있는 벌레 퇴치제 광고

태국 광고의 또 다른 특징은 유머와 반전이 있다는 것이다. 한국 광고는 유명 연예인이 나와 제품을 홍보하는 유형이 많은데, 태국 광고는 기발하고 창의적인 아이디어로 시선을 사로잡는다. 태국 회사의 살충제 광고인 〈Chaindrite〉 시리즈는 특히나 유머가 돋보이는 광고로 2019년 칸 광고제 필름 부문을 수상했다.

바퀴벌레, 모기, 개미로 각각 분장한 세 명의 연기자가 등장한다. 집에 돌아온 아주머니와 어린아이는 각각 뎅기열, 설사, 알레르기라는 병명이 적힌 병을 들고 있는 이 벌레들과 마주친다. 이들은 병명 라벨이 붙은 묵직한 검은색 병을 던질 것처럼 위협하며 아주머니와 아이에게 한 걸음씩 다가온다. 아주머니와 아이는 급한 마음에 벌레를 향해 스프레이를 뿌리는데 죽지

● 〈Chaindrite〉 시리즈 광고의 한 장면

않는다. 알고 보니 향기로운 방향제였다. 바퀴벌레, 모기, 개미 복장의 벌레들은 크게 비웃은 뒤 여유 있는 표정을 지으며 둘에게 다시 다가온다. 이에 광고 제품인 살충제 스프레이로 급히 바꾸어 뿌리자 분장한 연기자들이 한방에 녹다운된다. 남은 시리즈 광고를 찾아보게 될 정도로 중독성과 유머가 있다.

모든 세대의 댓글로 만든 참신한 광고

태국 광고의 마지막 특징을 꼽자면 참신함이다. 38년 역사를 가진 파이브 스타 치킨은 구운 치킨과 프라이드치킨이 유

● 파이브스타치킨 광고의 한 장면

명한 태국 전통 치킨 프랜차이즈이다. 하지만 현재는 해외 유
명 프랜차이즈와 치열한 경쟁을 하게 되었다. 파이브 스타 치
킨은 시장분석을 통해 특정 세대만이 좋아하는 상황이라는 판
단을 내리고 타깃 고객을 전 세대로 확장하는 광고 프로젝트
를 시작했다.

먼저 홍보를 위한 광고 아이디어를 SNS와 거리 인터뷰를 통
해 공모했고 이에 수천 개의 아이디어가 제안되었다. 문제는
여기서부터였다. 최고의 아이디어를 선정해 구체화하는 게 아
니라 다양한 아이디어를 한데 녹인 광고를 보여준 것이다. 여
기서부터 아수라장이 되는데 그 전개가 매우 참신하다. 먼저
광고 시작은 태국의 유명 스타인 위아 쑤꼰라왓 *Weir Sukollawat*

이 텅 빈 체육관 같은 곳에 놓인 책상에 앉아있다.

여기에 큰 숲에서 시작해달라는 의견에 따라 스태프들이 배경을 숲으로 꾸미기 시작한다. 이어 갑자기 산에서 캠핑하는 사람들과 두 명의 악당이 등장한다. 그 둘이 치킨 롤 스틱을 들고 싸우는데 일단 한 조각씩 먹는다. 그러던 중 갑자기 앞을 지나는 닭 다섯 마리를 목격한다. 이 닭들을 위한 팝송이 흘러나오자 닭들이 난데없이 춤을 춘다. 이런 식으로 여러 사람이 제안한 아이디어들이 맥락 없이 이어지는데, 의외성이 반복되며 광고의 재미가 배가된다. 결국 파파야 샐러드를 손에 든 무림 고수, 특공대 병사, 복싱 선수, 좀비, 농부, 마술사, 해리포터, 엘사까지 모이며 광고 속 공간은 난장판이 된다.

이렇게 광고를 만들어도 되나 싶은 상황에서 위아가 말한다. 모든 댓글을 하나의 스토리로 만들기는 매우 어렵지만 불가능한 것은 아니라고 말이다. 이 순간 앞서 인터뷰를 통해 아이디어를 제안했던 모든 사람이 하나같이 파이브 스타 치킨이 부드럽고 맛있다고 말한다. 모두 다른 아이디어를 가지고 있지만 세대를 불문하고 파이브 스타 치킨을 좋아하는 마음만은 같다는 메시지를 담은 것이다. 보는 이의 무릎을 탁 치게 만드는 참신한 발상이다.

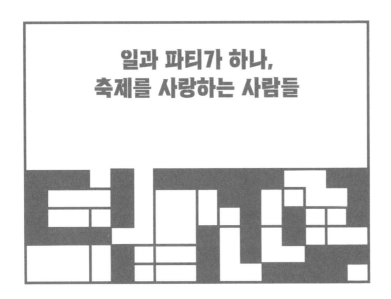

일과 파티가 하나,
축제를 사랑하는 사람들

일상에 '워라밸'이라는 단어가 자리 잡은 지도 꽤 오래되었다. 워라밸은 '워크 앤드 라이프 밸런스*Work and Life Balance*'의 약자로 일과 삶의 균형을 뜻한다. 서구권에서는 1970년대부터 통용되어 온 단어로 일과 삶이 조화를 이룬 상태를 의미한다. 그런데 워라밸을 조금 다른 시각으로 바라보면 일하는 시간과 여가 시간이 서로 대척점에 있는 개념으로 해석할 수 있다. 일하는 시간은 힘겹게 버티는 시간이고 여가 시간은 행복한 시간이라고 말이다.

반면 태국에서는 워라밸의 개념을 접하기 어렵다. 이들에게는 일과 삶의 경계가 분명하지 않고 공존하는 측면이 있다.

일과 파티를 동시에 의미하는 응안 문화

태국어로 '응안$ngan$'은 두 가지 의미를 동시에 갖는다. 하나는 '일'이고 또 다른 하나는 '파티'이다. 항상 일이 즐거울 수는 없지만 일을 일상의 파티처럼 해석하고 받아들인다. 이는 서로 도와가며 농사일하는 품앗이와 두레가 존재했던 우리나라의 과거 모습과 닮았다. 태국은 방콕과 같은 대도시를 제외하면 소도시가 균일하게 퍼져나가는 방사형 형태로 되어 있다. 산업화, 도시화와 함께 내로라할 대기업도 많이 생겼지만 여전히 농사를 짓는 농촌 지역이 많다. 제아무리 기계화되어도 농사는 사람의 일손을 필요로 한다. 여러 가족이 함께 뭉쳐 노동력을 합쳐야 고된 농사를 해낼 수 있다. 그래서 친척들, 친구들, 지인들을 한데 불러서 일하는 관습이 여전히 남아있다. 태국말로 탐 응안$Tham\ ngan$은 '일하기 위해'라는 뜻을 내포함과 동시에 '파티를 만든다'는 의미가 담겨있다. 태국인들은 일상의 일을 여러 사람과 함께하는 축제로 만든다. 품앗이로 노동력을 교환하고 서로에게 음식을 제공하며 흥을 돋운다.

태국인들은 일터에서 재미를 찾는다. 이러한 성향은 사회적 기반인 불교와도 관련이 깊다. 태국의 소풍날인 까틴$Kathin$이 대표적이다. 까틴은 젊은이들이 사원에 머물며 수행을 시작하는 카오판사 이후 3개월의 수행이 끝나는 억판사부터 한 달간 열린다. 이 시기가 되면 태국 회사들은 너나 할 것 없이 활기차고 떠들썩해진다. 수행 중인 각 지역 승려에게 새로운 승복을 선물하고 물품을 봉헌하는 행사를 준비하는 것이다. 이를 위해 대부분의 회사가 준비위원회를 구성하는데 위원회를 중심으로 함께 이동할 큰 버스를 대절하고 직원들은 돈을 갹출해 승복과 필요한 물건을 산다. 근교 지역에만 국한하지 않고 조금 더 멀리 떨어진 지역을 찾기도 한다. 태국인에게 있어 이 행사는 행복한 여행에 가깝다.

세상을 정화하는 물의 축제, 송끄란 페스티벌

태국에 살다 보면 세 차례의 새해를 보내게 된다. 먼저 전 세계의 새해인 1월 1일이다. 다음은 전체 인구의 10%가 훌쩍 넘는 화교계의 음력설로 우리나라에서 '구정'이라 부르는 설이다. 마지막은 태국의 전통적인 설날인 송끄란*Songkran*이다. 그럼 송끄란은 언제일까? 음력설에서 2~3달도 더 지난 4월이다. 태국에서는 대체 왜 이렇게 느지막이 새해를 맞이하는 것일까?

혹 따뜻한 열대기후 지역에 사는 사람들의 특유의 여유가 아닐지 생각할 수 있지만 이유는 단순하다. 과거 태국은 새해의 시작이 4월 1일이었다. 이를 20세기 초 피분송크람 총리가 세계화 흐름에 맞추기 위해 1월 1일로 한 해의 시작을 바꾼 것이다. 송끄란은 4월 13일에서 4월 15일까지로 우리의 명절 모

● 송끄란 축제

습과 크게 다르지 않다. 멀리 도시에 떨어져 사는 자녀들이 부모님을 찾아 귀향길에 오르고 가족이 한데 모여 맛있는 음식을 먹으며 오손도손 정답게 이야기를 나눈다.

다른 점이 있다면 이 시기에 태국에서 가장 성대한 축제가 열린다는 점이다. 바로 전 세계 10대 축제로 엄청난 규모를 자랑하는 '송끄란 페스티벌'이다. 송끄란은 산스크리트어에서 유래된 말로 '태양의 움직임'을 뜻한다.

이 축제는 강렬한 태양과 관련이 있다. 태국은 11월부터 건기가 시작되어 4~5개월가량 이어진다. 그리고 4월 중순에 이르면 1년 중 가장 더운 날이 되고 이어서 우기가 찾아오는데 비가 오기까지 지내던 기우제가 그 기원이다.

이러한 배경에서 송끄란은 '물의 축제'라고도 볼 수 있다. 오랜 건기로 메마른 생명체에 촉촉한 생기를 불어넣는 과정이다. 또한 송끄란은 '물을 통한 정화의 축제'라고 볼 수 있다. 태국인들은 축제가 시작되기 전에 대청소를 하고 필요 없는 잡다한 물건들을 버린다. 신년을 축하하며 아침 일찍 절을 찾아 스님에게 시주하면서 정성껏 마련한 음식을 공양하고 공덕을 쌓기도 한다. 정오가 되면 온 가족이 함께 사찰을 방문해 부처님의 말씀을 듣는다. 불상에 정화수를 뿌리며 가족의 몸과 마음

송끄란 페스티벌의 기원

송끄란은 과거 태국 북부의 문화 중심지인 치앙마이에서 유래했다. 치앙마이 지역과 관련한 재미난 전설도 전해져 내려온다.

옛날에 치앙마이 근처 촘폰 마을에 사는 예쁜 처녀를 사랑하는 두 명의 청년이 있었다. 둘은 친한 친구였던 터라 처녀가 선택하는 사람이 배우자가 되기로 했다. 그런데 청천벽력 같은 일이 발생하고 말았다. 마을을 지나던 왕이 처녀의 아름다움에 반해 왕비가 되어주기를 청한 것이다.

왕비가 되는 일을 거부할 수는 없어 그녀는 승낙을 했고 두 청년은 큰 실의에 빠졌다. 그중 한 청년이 왕을 죽이기로 결심하고 친구에게 말했는데, 그 친구가 암살 계획을 왕에게 알렸다. 결국 한 청년은 처형을 당했다. 배신한 친구에 왕은 큰 잔치를 열어주고 아름다운 처녀를 신부감으로 주었다. 이때 열린 축제가 송끄란의 기원이라고 한다.

을 정화하는 의식을 갖는다.

　물론 우리를 비롯해 타국인들에게 송끄란 축제는 신성한 의식이라기보다 물뿌리기 놀이에 가깝다. 모두가 엄청난 크기의 물총에 물을 장전하거나 물이 한 가득 담긴 양동이를 들고나와 서로에게 물을 뿌리며 즐긴다. 옷이 물에 흠뻑 젖어도 화내는 사람이 없다. 물을 뿌리는 행위가 상대를 공격하는 게 아닌 축복을 기원하는 의미를 담고 있기 때문이다. 특히나 방콕을 찾은 배낭여행자들의 성지인 카오산 로드*Khaosan Road*는 송끄란 축제를 만끽하는 최적의 장소로 뮤직 페스티벌을 비롯해 화려한 퍼레이드가 가득하다. 한 가지 아쉬운 점은 송끄란 기간 동안 정부가 통제와 관리를 다소 느슨하게 해 과속과 음주 운전이 난무한다는 것이다. 이 때문에 송끄란 축제 기간에는 많은 사람이 사망하고 다치기도 한다. 2023년 축제 기간에는 약 200명에 이르는 사람들이 안전벨트나 오토바이 헬멧 미착용 등으로 사망했다.

물의 여신에게 경의를 표하는 빛의 축제, 로이 끄라통

　빛을 통해 물에 대한 경의를 표하는 로이 끄라통*Loy Krathong*은 물의 축제 송끄란과 함께 태국의 최대 축제로 손꼽힌다. 러이*Loy*는 '띄워 보낸다'를, 끄라통*Krathong*은 '떠 있는 배, 장식'을

● 로이 끄라통 축제

의미하며 11월에 태국 전역에서 열리지만, 특히 수코타이에서
가장 규모 있고 전통적인 모습으로 열린다. 수코타이는 13세
기에서 15세기까지 태국 최초의 통일 왕국이 존재했던 지역이
다. 이 축제는 인도인들이 갠지스강에 초를 띄우며 소원을 비
는 행사에서 영향을 받은 것으로 알려져 있다.

　로이 끄라통은 18세기 후반부터 짜끄리 왕조의 왕실 전통
의식이 되었고, 점차 일반인에게 퍼져 오늘날 전 국민의 축제
가 되었다. 타이 달력을 기준으로 보름달이 뜨는 밤에 강물 위
로 배를 띄워 물의 신에게 행복과 안녕을 기원한다. 고대 물의
신에게 감사하는 마음과 환경을 더럽히는 것에 대한 속죄의 마
음을 함께 담는다. 개인이 번뇌와 망상을 소멸시키고 액운을

날려버리는 의식이기도 하다.

축제 모습을 좀 더 구체적으로 보자면, 연꽃 모양의 작은 배에 불을 밝힌 초, 꽃, 음식, 동전 등을 실어 강이나 호수로 띄워 보내며 소원을 빈다. 이와 함께 창호지 같은 종이로 넓은 원기둥을 만든 뒤 아래에 불을 피워 만든 풍등을 하늘에 날린다. 풍등은 나무에 걸려 화재가 날 위험이 크기 때문에 날릴 장소는 정해두는 것이 일반적이다. 축제가 진행되는 밤에는 주변을 지키는 소방수를 흔하게 볼 수 있다. 태국인들은 배의 촛불이 꺼지지 않고 멀리 흘러갈수록, 풍등이 멀리 날아갈수록 소원이 이루어질 것으로 믿는다.

끄라통은 과거부터 바나나 줄기로 만들어왔는데, 최근에는 빵으로 만들기도 한다. 강물에 흘러가다 분해되어 물고기가 먹을 수 있도록 말이다. 우리 조상들이 음식을 먹기 전에 조금 떼어 허공에 던지던 '고수레'와 닮았다. 빛의 축제 날이 되면 강 줄기를 타고 흘러가는 작은 끄라통의 초와 풍등이 아름답게 밤 하늘을 밝힌다.

북방의 장미, 치앙마이 꽃 축제

태국 북부의 치앙마이는 서쪽으로는 미얀마, 동쪽으로는 라오스와 가까이 있다. 직선거리로 미얀마와는 약 100km, 라오스와는 약 200km 정도이다. 반면 수도인 방콕까지는 600km 가까이에 이른다. 치앙마이는 이웃 국가들과 국경이 가깝다 보니 오랜 세월 많은 침략을 받기도 했고 교류도 많았다. 이 과정에서 자연스레 인종적으로도 다양하고 문화적으로도 풍성해졌다.

이뿐 아니다. 치앙마이에는 산과 계곡이 많아 다채로운 꽃과 식물이 자라기에 좋은 환경을 가지고 있다. 치앙마이를 '북방의 장미'라고 부르는 이유다. 치앙마이에 가면 담홍색 장미, 분홍빛 난초, 천일홍, 국화 등 다양한 열대와 온대의 꽃을 만날 수 있다.

매년 2월에는 치앙마이 꽃 축제가 열린다. 45년이 넘는 역사를 지닌 축제이다. 큰 꽃 케이크를 만들어 놓은 듯한 꽃차 퍼레이드부터 화려한 꽃 전시회에 이르기까지 다채로운 꽃의 향연이 펼쳐진다. 꽃 축제는 불교와도 관련이 깊다. 태국인들은 사원과 가정집 어느 곳이건 항상 꽃을 올려 부처님의 공덕을 기린다. 치앙마이 꽃 축제는 지리적·기후적인 환경과 종교적 특성이 만나 만들어낸 축제라 할 수 있다.

가장 화려한 축제인 태국 결혼식

태국의 가장 흥겨우면서 화려한 축제는 결혼식이다. 도시에서 진행할 때는 식장을 따로 빌리지만, 시골에서는 대부분 집 앞에 무대를 만들어 결혼식을 올린다.

결혼식에 참석하는 사람들은 청첩장에 적힌 드레스 컬러에 맞추어 남자는 정장을, 여자는 드레스를 입고 간다. 보통 청첩장에는 서너 개 정도의 드레스 컬러가 적혀 있다. 신랑과 신부의 가장 친한 친구들은 같은 컬러와 디자인의 옷을 입고, 결혼식에 가장 먼저 도착하여 단체 사진을 찍는 등 결혼식 분위기를 이끄는 감초 역할을 한다. 결혼식에는 장례식에서 주로 입는 검은 옷은 입지 않도록 한다.

태국 결혼식은 주로 1부 순서와 2부 순서로 나뉜다. 1부는 주로 가족 및 친척과 함께하며, 2부는 피로연 및 본행사로 가족과 친척, 친구, 초대받은 대부분의 사람과 함께한다. 1부는 보통 아침 일찍 와이프라*Wai Pra*라는 순서로 시작한다. 스님을 초대하여 결혼생활이 행복하기를 바라는 의식이다. 태국에서는 9를 굉장히 좋은 숫자로 생각하기 때문에 스님을 초대할 때도 9명을 초대하길 원한다. 그렇지 못할 경우에는 7명, 5명, 3명 등 홀수로 줄여서 진행한다.

다음 순서는 신랑이 신부에게 줄 선물을 들고 신부의 집으로 이동하는 의식이다. 한국의 전통 혼례에서 신랑 측이 함(결혼 상자)을 지고 가는 것과 유사하다. 신랑이 신부 집 앞에 도착하면 신부 측 가족과 친척이 실과 꽃으로 만든 여러 개의 문이 있다. 이 문을 통화하려면 테스트를 통과해야 하는데 가령

● 태국의 결혼식 모습

체력 테스트를 하기도 하고 술을 마시게 하거나 소정의 현금을 받기도 한다. 이렇게 문을 하나씩 통과하다 보면 신부의 집이다. 최근 결혼식에서는 신부 집으로 가는 이러한 행사를 생략하고, 결혼식장 앞에 도착하는 사진을 찍고 끝내기도 한다.

1부 행사의 하이라이트는 약혼식으로 신랑과 신부가 반지를 교환하고, 양가 부모님이 신랑 신부의 머리에 하얀 실로 연결된 머리띠를 씌워주는 것이다. 이를 싸이 몽콘 *Sai Monkhon* 이라고 하는데, 남은 생을 두 사람이 함께 지내라는 뜻이다. 그런 다음 신랑과 신부가 하얀색 실로 연결된 머리띠를 쓰고 있는 채로 롯남상 *Rod Nam Sang* 이라는 물의 축복 의식을 진행한다. 신랑과 신부가 양손을 모으고 있으면 신부의 부모부터 신랑의 부모, 친척 순서로 물이 채워진 커다란 조개를 물그릇 대용으로 사용해 신랑과 신부 손에 물을 부어 주면서 축복을 기원하는 의식이다.

2부 행사는 본격적인 피로연으로 신랑, 신부의 가족 및 친척뿐만 아니라 친구들과 초청한 모든 분이 피로연장에 모여 식사를 하면서 둘의 결혼을 축복해 주는 자리이다. 사진도 많이 찍고, 늦은 시간까지 피로연의 시간이 이어진다.

태국의 기념일 종류

태국은 음력일 기준이라 기념일에 따라 매년 일자가 조금씩 바뀌므로 여행을 가려면 미리 확인이 필요하다.

기념일	날짜	내용
신정 *New Year's Day*	1월 1일	새해 기념일이며 양력설이다.
부처의 제자가 모인 날 *Makha Bucha Day*	2월 24일 (음력 1월 15일)	부처가 입적하기 전에 제자들에게 가르침을 전하면서 예언한 것을 기념하는 날이다. 음력 정월 대보름에 진행되며 사원을 방문하여 공양하고 기도한다.
짜끄리 왕조 창건일 *Chakri Day*	4월 6일	현재 왕조인 라마 1세의 짜끄리 왕조 창건일을 기념하는 날이다.
태국 전통 설날 *Songkran Festival Day*	4월 13~15일	태국 전통 설날로 고향으로 내려가서 가족을 만나는 휴일이며, 건기가 끝나고 우기가 시작되기를 바라는 마음으로 물과 관련된 축제를 하는 날이다.
농경제 *Ploughing Day*	4월 25일	새로운 농번기를 맞이하여 행운을 비는 의식을 기념하는 날이다.
근로자의 날 *Labor Day*	5월 1일	노동절

기념일	날짜	내용
국왕 대관식 기념일 *Coronation Day*	5월 4일	2019년 라마 10세의 즉위를 기념하는 날이다.
석가탄신일 *Visakha Bucha Day*	5월 26일	부처의 탄생일이며 태국 최대의 불교 행사일이다.
석가모니 최초 설법기념일 *Asalha Bucha Day*	7월 20일	부처가 득도한 후에 다섯 제자에게 처음 설교한 것을 기념하는 날이다.
승려가 외출하지 않음을 시작하는 날 *Khao Phansa Day*	7월 21일	설법 기념일 다음 날이 카오판사 기념일이며, 이날부터 약 3개월간 절에 머물며 수련을 시작한다. 이를 기념하는 촛불 행렬이 진행되며 금주를 시작한다.
라마 10세 국왕 탄신일 *His Majesty the King's birthday*	7월 28일	현재 국왕인 라마 10세의 탄생일이다.
왕비 탄신일 *Her Majesty the King's birthday*	8월 12일	시리킷 왕대비(라마 9세의 왕비)가 태어난 날을 기념하며, 어머니의 날로 불린다. 어머니에게 존경을 표하는 날이다.
라마 9세 추모일 *The passing of King Bhumibol*	10월 13일	푸미폰 국왕인 라마 9세의 서거 추모일이다.
쭐랄롱꼰 대왕 서거일 *Chulalongkorn Day*	10월 23일	태국에서 존경받는 쭐랄롱꼰 대왕인 라마 5세의 서거일이다.
라마 9세 국왕 탄신일 *King Bhumibol Adulyadej's birthday*	12월 5일	푸미폰 국왕인 라마 9세의 탄생일로 아버지의 날로 불린다. 태국 전역에서 국왕에게 충성하는 군인들의 의식과 퍼레이드가 열리는 날이다.
제헌절 *Constitution Day*	12월 10일	1932년 최초로 헌법을 제정한 것을 기념하는 날이다.
연말 *New Year's Eve*	12월 31일	1월 1일 전날인 12월 31일을 기념하는 날이다.

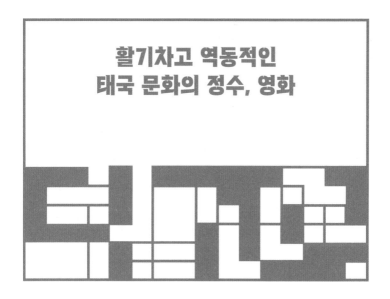

활기차고 역동적인
태국 문화의 정수, 영화

태국 영화는 1900년대 초반에 시작되었다. 최초의 영화는 1923년 왕의 위대한 업적에 대해 다룬 〈시암 개발에서 쭐랄 롱꼰 왕의 역할〉이며, 1932년에 입헌군주제가 도입되면서 영화 산업에 변화가 찾아왔다. 형식적이긴 했지만 민주주의가 시작되면서 주제가 다양해진 것이다. 이렇게 태동한 태국 영화는 1960년대에 극장이 생겨나며 황금기를 맞았으나 1973년에 군부를 퇴진시킨 사회적 격변과 통금 등 태국 사회에 통제가 강화되면서 위축되었다. 그러다가 1990년대 말에 이르러 뛰어난 신진 감독들의 작품이 대거 등장하며 세계적인 주목을 받았는데, 방콕을 지배한 갱들의 이야기를 다룬 논지 니미부트르 *Nonzee Nimibutr* 감독의 〈댕 버럴리와 일당들〉, 기발한 상상력으

로 가득한 판타지를 펼쳐낸 위시트 사사나티앙*Visit Sasanatieng*
감독의 〈시티즌 독〉 등이 대표적이다. 새로운 스타일의 태국
영화는 국내외에서 좋은 평가를 받으며 꾸준히 성장해 가고
있다.

세계에서 인정받은 영화 〈전생을 기억하는 분미삼촌〉

태국 영화는 불교적인 색채가 짙다. 윤회와 환생 등 불교적
신앙을 메시지로 담아내고 영혼, 초자연적 힘과 같은 태국의
민속적, 신화적 요소도 단골 주제다. 태국 특유의 의식 행위를
보고 있노라면 종종 기괴한 분위기가 느껴진다.

우리의 최고 인기여행지 중 하나인 방콕의 경우 휘황찬란
한 조명으로 가득하지만, 조금만 외곽으로 나가도 음산한 느
낌이 엄습한다. 영화 〈곡성〉을 제작한 나홍진 감독이 태국의
천재 감독 반종 피산다나쿤*Banjong Phisanthanakun*과 함께 제작
한 〈랑종*Rang Zong*〉(2021)을 보면 태국 영화의 공포를 한껏 느
낄 수 있다. 이 영화는 태국 이싼 지역의 한 시골 마을에서 신
내림이 대물림되는 가족에게 벌어지는 미스터리한 현상을 보
여준다.

영화의 배경인 이싼 지역은 태국 동북부 지역을 통칭하여
부르는 말로 오랜 기간 태국에 포함되지 않아 문화적으로 이

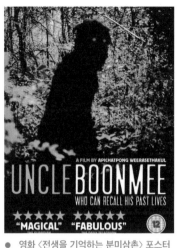

● 영화 〈전생을 기억하는 분미삼촌〉 포스터

질적인 면이 있고 현재까지 여러 이유로 차별을 받아 타 지역에 비해 빈곤한 삶을 살아왔다.

이싼 지역은 캄보디아의 전신인 크메르 제국이 장악하다가 이후 라오스의 전신인 란쌍 왕국에 속했다. 수코타이 왕조가 들어서 태국에 편입된 후로는 태국어를 사용하게 되었지만 오랜 기간 란쌍 왕국의 영향을 받다 보니 언어와 문화가 태국보다 라오스와 더 닮았다. 한때 라오스의 공산주의 세력이 활동하기도 했다. 그런데 이게 문제가 되었다. 1947년 피분송크람이 다시 쿠데타로 권력을 잡으면서 의회에 진출해 있던 이싼 지역 출신 의원들이 라오스 공산주의와 결탁해 있다며 탄압을 받은 것이다. 이들의 정치적 입지가 크게 줄어들었고 이싼 지역은 태국 중앙 정부의 관심에서 점점 더 멀어졌다.

하지만 이러한 이유로 이싼 외 지역의 태국인에게 이곳은 감춰진 미지의 세계로 비쳐 영화의 배경지로 인기가 높았다. 그중 대표적인 영화가 태국 영화사에 한 획을 그은 〈전생을 기억하는 분미삼촌〉이다. 2010년 칸 영화제에서 태국 영화 최초로 황금종려상을 받은 이 영화는 태국의 거장 아피찻퐁 위라세타쿤 *Apichatpong Weerasethakul* 감독이 제작한 작품으로 우리에게는 〈엉클 분미〉라는 이름으로 소개되었다.

이 영화에서의 배경인 동굴은 윤회가 일어나는 장소다. 분미삼촌은 병에 걸리자 치료를 위해 시골집으로 간다. 사랑하는 사람들과 함께하기 위함이다. 분미삼촌의 기억에 소, 원숭이를 비롯한 여러 전생의 동물이 등장한다. 정령을 숭배하는 내용도 담겨있다. 초현실적인 개념과 소재를 통해 영화는 삶과 죽음에 관해 이야기한다. 삶의 무상함과 모든 생명체는 연결된다는 메시지를 전한다. 윤회를 비롯한 불교적인 철학이 영화 곳곳에 녹아있다.

천만 관객을 달성한 유령 신부 영화 〈피막〉

〈피막*Pee Mak*〉은 앞서 소개한 반종 피산다나쿤 감독이 만든 작품이다. 우리에게도 잘 알려진 〈셔터〉를 만든 감독이다. 태국의 공포영화는 소름 끼치도록 무섭다. 특히 2005년 개봉한 〈셔터〉는 그 진가를 보여준다. 사진작가인 주인공이 사진을 찍을 때마다 기묘한 혼령 사진이 찍히는 이 작품은 감독의 뛰어난 연출이 더해져 당시 큰 화제가 되었다. 이후에도 샴쌍둥이에 대한 이야기를 다룬 〈샴〉이나, 태국의 유명 감독들이 함께 만

● 영화 〈피막〉 포스터

든 〈포비아〉 등 태국의 여러 공포영화가 인기를 끌었다. 이에 비하면 〈피막〉은 순한 맛 공포영화로 태국에서 천만 관객을 동원했다. 태국 인구가 우리나라보다 많은 약 7,200만 명 정도인 점을 고려해도 이는 대단한 기록이다. 영화 이전에 수십 차례 TV 드라마, 뮤지컬로 만들어졌을 만큼 인기가 많은 내용이다.

이 영화의 모태가 되는 설화가 있다. 바로 '매낙 프라카농 *Mae Nak Phrakhanong*의 전설'이다. 만삭인 채로 죽은 귀신 '낙*Nak*' 이 여주인공으로(태국에서는 여성 이름 앞에 '매*Mae*'를 붙여 쓴다.) 그가 사는 지역은 프나카농이다. 여기에 전쟁에 징집되어 다녀온 '막'이 남자 주인공이다('피'는 자신보다 나이가 많은 사람을 부를 때 쓰는 말로 여기서는 '피막'으로 쓰였다.).

남편인 막이 전쟁터로 떠난 사이 낙은 죽지만, 남편 곁을 떠나지 못해 이승에 머무른다는 사랑 이야기이다. 막은 불굴의 의지로 전쟁에서 무사히 살아남아 마을로 돌아오는데 어쩐지 마을은 텅 비어 을씨년스럽다. 막은 낙과의 재회에 행복해하지만, 막의 친구가 낙이 귀신이라는 것을 눈치챈다. 이후 그들은 낙을 두려워하고 벗어나기 위해 애를 쓰는데 낙이 귀신임을 알아차리는 과정이 흥미롭다. 마루 밑 땅으로 떨어진 라임을 낙이 급한 마음에 마루 아래로 팔을 길게 뻗어 잡은 것이다. 순간 친구는 낙이 귀신임을 알게 되는데 우리가 이를 이해하려면 태국 전통 가옥 구조에 대해 알아야 한다.

태국은 과거부터 높은 축대를 이용해 지면보다 1미터 이상 떨어진 높은 곳에 야자나무를 활용해 집을 지었다. 집중적으로 많은 비가 내리는 우기에 강이 범람해 집이 잠길 것을 대비한 것이다. 이는 병충해로부터 지켜주는 역할도 한다. 육지에 짓는 집도 수상가옥과 같은 모습이다. 땅과 집 사이에 생긴 공간에는 농기구, 가재도구 등을 놓아둔다. 또한 태국의 집들은 우리의 지붕과는 달리 경사가 급하고 뾰족한 지붕인데, 비가 고이지 않고 빠르게 땅으로 떨어지게 하기 위해서다. 이 때문에 마루에 가려면 계단을 오르거나 사다리를 타고 올라가야 한다. 낙이 마루 위에서 팔을 뻗어 라임을 잡는 것은 인간에게는 불가능한 일이었다.

이런 내용을 들으면 무시무시한 공포영화로 생각될 수 있지만 피막의 친구들을 중심으로 코믹한 이야기가 펼쳐지는 터라 가족과 함께 가볍게 볼 수 있다. 영화를 보고 나면 왜 천만 관객을 넘어섰는지 알게 된다.

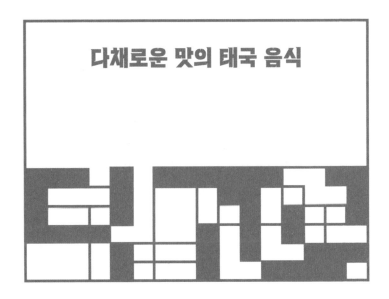

다채로운 맛의 태국 음식

태국 음식은 프랑스, 이탈리아, 중국, 튀르키예 요리와 비견될 정도로 세계적으로 유명하다. 태국 음식에 대해 알려면 태국의 지리 정보를 이해하면 도움이 된다.

태국의 북쪽은 험준한 산악지대이고, 중부 내륙은 비옥한 토지와 수량이 풍부한 강이 있는 곡창지대이며, 바다를 접한 남부에서는 해산물을 쉽게 구할 수 있다. 태국은 열대기후 대에 속하며 강수량이 풍부해 벼농사를 비롯해 작물이 잘 자란다. 덕분에 다채로운 작물을 구할 수 있고 종교적인 이유로 음식을 제한하는 것도 없어 요리가 크게 발달했다.

열대기후인 만큼 태국은 평균 기온이 약 27도로 더운 날이 많다. 태국인들은 하루 세 끼를 먹고 중간에 간식을 챙겨 먹는다. 조금씩 자주 챙겨 먹기 때문에 한 끼 식사량이 많지는 않다. 또한 집에서 만들어 먹기보다 밖에서 판매하는 음식을 포장해서 사 먹는 경우가 많다. 즉 길거리 음식이 굉장히 발달해 있다. 아침에는 주로 죽이나 계란 오믈렛을 쌀밥과 함께 먹고, 점심은 간단히 볶음밥이나 볶음면으로 해결한다. 저녁은 집으로 가는 길에 여러 종류의 음식을 포장해 데워 먹거나 재료를 사서 만들어 먹는다.

태국 지역별 음식의 특징

태국 음식을 지역별로 나누면 태국 북동부 요리, 태국 북부 요리, 태국 중부 요리, 태국 남부 요리로 구분할 수 있다.

태국 북동부 지역은 이싼 Isan 지역으로 불리는데, 벼농사를 짓는 곳이 드물고 내륙 지역이다 보니 매콤하고 향토적인 음식 문화가 발달했다. 대표 음식으로는 파파야 샐러드인 쏨땀 Somtam, 매콤한 돼지고기 샐러드인 랍무 Lap Moo, 태국식 쌀 발효 소시지인 싸이꺼 이싼 Sai krok Isan 및 꺼무이양 같은 구이 음식을 들 수 있다. 랍무는 꽤 매콤하므로 매운 음식을 못 먹는다면 주문할 때 덜 맵게 해달라고 하자. 싸이꺼 이싼은 소시지 사이에 태국의 매운 고추를 조금 잘라 넣어 먹으면 매콤함과 고소함의 환상적인 조합을 느낄 수 있다. 태국 관광지에서 주로 볼 수 있는 각종 벌레 튀김 또한 이싼 음식 중 하나이다.

태국 북부 지역은 치앙마이, 치앙라이와 같이 산악 지역이 주를 이룬다. 음식의 가장 큰 특징은 쫀득한 식감의 찹쌀밥이 주식이라는 것이다. 찹쌀밥은 주로 손으로 조금씩 떼어먹는다. 쏨땀 국물을 비롯해 각종 소스에 찍어 먹기도 한다. 대표 음식으로 돼지 껍데기 튀김인 켑무*Kaep Moo*가 있다.

태국 중부 지역은 방콕을 중심으로 한 인근 도시로 풍부한 쌀농사를 바탕으로 하고 있어 찐 밥*Steam rice*을 중심으로 한 음식이 주를 이룬다. 또한 이 지역은 예로부터 교역이 활발해 생선, 육류, 야채 등 다채로운 음식이 발달했다. 새콤달콤하며 신맛이 나는 똠양꿍*Tom Yang Kung*이 대표적이다. 볶음밥을 먹을 때 피시소스에 고추를 잘라 내어 놓는 프릭

● 똠양꿍

남쁠라*Phric Nam Pla*도 대표적인 중부 요리 소스이다.

태국 남부 지역은 푸껫, 끄라비와 같이 바다에 인접한 도시가 많다 보니 해산물과 관련한 요리가 발달했다. 또한 말레이시아와 인접하다 보니 이슬람 문화의 영향으로 돼지고기와 술을 잘 먹지 않는다. 코코넛밀크가 많이 들어간 요리가 많으며 카레 종류가 유명하다.

숟가락과 포크로 먹는 태국 식사

태국 식당은 국숫집을 제외하고는 대부분 숟가락과 포크를 기본으로 세팅한다. 숟가락은 한국식 숟가락과는 달리 길이가 짧고 움푹 들어간 형태다. 포크 모양은 비슷하다.

여럿이 음식을 먹을 때는 가운데에 요리를 두고 촌끌랑 *Chonklang*이라 불리는 공용 숟가락을 사용하여 개인 접시에 덜어 먹는다. 숟가락은 음식을 먹을 때는 물론 음식을 자를 때도 사용한다. 자를 음식을 포크로 찍어 잡아 두고 숟가락을 옆으로 세워 자르는 식이다. 태국 북동부 지방에서는 찹쌀밥을 먹을 때 손으로 떼어 먹는다. 하지만 이러한 경우를 제외하면 태국은 대부분 숟가락과 포크를 이용하여 식사한다.

식당에서 식사를 마치고 계산할 때는 테이블에 앉아 종업원을 불러 영수증을 청구한 뒤 현금이나 카드로 지불하면 된다. 종업원에게 약간의 팁을 주곤 하는데, 100밧 정도면 충분하다.

예술의 경지에 이른 길거리 음식 포장 기술

태국은 외식을 자주하는 문화이다 보니 아침, 점심, 저녁 모두 음식을 포장해 먹는 문화가 발달했고, 그 결과물이 비닐과 고무줄의 조합이다. 길거리 음식은 그 자리에서 바로 먹기도 하지만 집으로 가져가 데워 먹는 경우도 많다. 그렇다면 쏨땀, 수프, 샐러드와 같은 요리도 포장이 될까? 고무줄과 비닐봉지만 있으면 국물 요리든, 구운 고기든 심지어 커피나 음료도 포장이 가능하다. 비닐봉지에 내용물을 담아 고무줄로 입구를 휙휙 돌려 포장하는 모습을 보면 입이 떡 벌어진다. 가히 예술의 경지라 할 만하다. 신기한 점은 고무줄로 묶여 있는 음식을 풀 때 매듭만 잘 풀면 손쉽게 고무줄이 풀리게 되어 있다는 점이다.

태국식 양념을 만드는 절구, 크록

● 쏨땀

태국식 파파야 샐러드인 쏨땀Somtam은 갓 만든 겉절이와 같은 맛을 내는 음식으로 태국 식사에 꼭 나온다. '신맛'을 뜻하는 태국어 쏨Som에 '빻다'를 뜻하는 땀Tam이 합쳐진 이름으로 덜 익은 파파야와 토마토, 옥수수, 피시소스, 코코넛 설탕, 라임, 고추, 마늘, 건새우, 땅콩 등을 크록Khrok에 넣고 삭Sak으로 빻아 만든다.

크록과 삭은 양념을 만드는 절구와 절구 공이다. 마늘을 찧

● 태국식 양념을 만드는 절구 크록과 절구공 싹

을 때 쓰는 절구와 비슷하게 생겼다. 크록은 쏨땀을 만드는 데 없어서는 안 되는 중요한 도구로, 태국 식당에 가면 빠른 손놀림으로 크록과 삭을 이용해 음식을 빻는 아주머니들을 종종 볼 수 있다.

태국 음식을 이해하는 데 도움이 되는 태국어

음식 재료와 조리와 관련한 태국어를 좀 알아두면 태국 음식을 이해하는 데 훨씬 수월하다.

음식과 관련한 태국어

의미	태국어	의미	태국어
볶음	팟*Phat*	돼지	무*Moo*
구이	양*Yang*	닭	까이*Kai*
튀김	텃*Tod*	새우	꿍*Kung*
국	똠*Tom*	밥	카우*Khao*
찌개	깽*Keng*	태국	타이*Thai*
샐러드	얌*Yam*	간장	시유*Seeyu*
기름	먼*Mun*	바질	카파오*Kapao*

볶음 요리

- 팟타이*Phat Thai*(볶음+면): 국수를 고기와 숙주나물에 각종 소스를 넣어 볶아 만드는 대표적인 길거리 음식이다. 고명으로 주는 땅콩소스와 매콤한 고춧가루와 레몬을 곁들이면 태국 음식의 전통적인 맛과 향을 느낄 수 있다.

- 팟시유*Phat SeeYu*(볶음+간장): 간장을 추가하여 볶은 면 요리다. 현지에서는 주로 납작하고 넓은 면으로 요리해 면 속에 간장 소스의 풍미가 배어 맛이 좋다.

- 팟 카파오*Phat kapao*(볶음+바질): 다진 돼지고기*Moo Sab*를 추가로 한 팟카파오무쌉*Phat Kapao Moo Sab*이 가장 유명하다. 바질을 볶아 내기 때문에 향신료 향이 크게 느껴지지 않으며 굴소스와 피시소스, 코코넛 설탕의 향이 가득해 질리지 않는 중독적인 맛이 있다. 한국인이 좋아하는 메뉴 중 하나다.

- 카우 팟*Khao Phat*(밥+볶음): 볶음 요리에서 빠질 수 없는 볶음밥.

구이와 튀김 요리

- 까이양*Kai Yang*(닭+구이)/ 무양*Moo Yang*(돼지+구이): 닭구이와 돼지구이. 특히 숯불로 익히는 닭 구이와 쏨땀의 조화는 일품이다.
- 텃만꿍*Tod Mun Kung*(튀김+기름+새우): 새우 살만 발라내 튀긴 요리다. 칠리소스와 함께 전체 요리로 먹으면 매료될 수밖에 없다.
- 까이텃*Kai Tod*(닭+튀김): 프라이드치킨과 비슷한 요리다.

- 까이양
- 텃만꿍

국과 찌개 요리

- 똠얌꿍*Tom Yang Kung*(끓이다+샐러드+새우): 고수와 레몬그라스, 코코넛밀크, 생강, 고추 등이 들어가 시큼하고 매운맛이 나는 수프 요리다. 우리나라의 시큼한 김칫국이 연상된다. 한번 이 맛에 적응한 사람은 맛집을 찾아다니면서 먹을 정도로 인기가 많다. 취향에 따라 고수를 빼고 먹기도 하고, 코코넛밀크를 빼고 맑은국으로 먹기도 하며, 새우 대신 해산물을 듬뿍 넣어 먹기도 한다.
- 깽쏨*Kaeng Som*(찌개+오렌지색): '오렌지색 찌개'라는 뜻을 가졌다.

새콤하고 달콤한 맛을 내는 주재료는 타마린드*Tamarind*라는 열매다. 이 열매와 고추를 함께 넣어 끓이면 김치찌개와 비슷한 맛이 난다.

샐러드와 밥 요리

- 얌운센*Yam Woon Sen*(샐러드+얇은 면): 가는 면발로 만든 무침. 보기와는 달리 상당히 매운 샐러드이다. 태국식 가는 면에 데친 새우, 고추, 땅콩, 샬롯, 피시소스, 라임을 넣어 만든다.
- 까우똠*Khaotom*(밥+국): 현지인들이 아침에 많이 먹는 흰쌀 죽이다. 태국식 짠지를 곁들여 먹으면 속도 편하고 든든하다.
- 까우만까이*Khao Man Kai*(밥+닭): 달짝지근한 기름 소스와 닭고기가 올려진 덮밥. 든든한 한 끼가 된다.

열대 과일의 천국

태국에서는 1년 내내 신선한 열대과일을 저렴하게 맛볼 수 있다. 망고스틴, 망고, 람부탄, 두리안, 코코넛, 로즈애플 등이 대표적이며 태국산 망고와 망고스틴은 한국에서도 볼 수 있다.

태국에도 제철 과일이 있다. 1~4월에는 잭프루트, 수박 등이 제철이며, 과일이 많이 나오는 시기인 4~6월에는 망고, 망고스틴, 두리안, 파인애플 등이 제철이다. 이 시기에는 지역별

● 두리안

● 포멜로

과일 축제도 많이 열리고 트럭에 과일을 싣고 나와 판매하는 상인도 자주 만날 수 있다. 과일의 여왕이라 불리는 망고스틴은 자주색 껍질 사이로 하얀 알맹이가 육쪽마늘과 비슷하게 생겼는데, 새콤하고 달콤하여 인기가 많다.

겉모양이 삐쭉한 가시로 덮인 두리안은 외국에서는 냄새나는 과일로 알려졌지만 태국에서는 과일의 왕이며 가격도 비싼 편이다. 마트에 가면 두리안의 내용물만 포장해 판매하는데 냄새 때문에 반입을 금지하는 호텔이 많으므로 가급적 구입한 곳에서 먹도록 한다. 고소하고 달콤하며 열량이 높아 금세 포만감이 든다. 식감은 아보카도와 비슷하다.

7월 이후에는 감귤류 중에서 가장 큰 포멜로가 나온다. 멜론만 한 자몽이라 생각하면 된다. 바나나, 파파야, 코코넛은 연중 언제든 먹을 수 있다. 길쭉한 호박처럼 생긴 파파야는 덜 익은 상태는 초록색, 잘 익은 상태는 주황색이다. 태국의 김치라 불리는 쏨땀을 만들 때는 덜 익은 파파야를 사용하고, 충분히 익은 파파야는 과일 그 자체로 먹는다.

꼭 먹어야 하는 길거리 태국 음식

태국 여행 시 맛있는 음식을 먹는 것은 놓칠 수 없는 재미이다. 꼭 먹어봐야 하는 길거리 음식을 소개한다.

국수 태국 길거리에서 빼놓을 수 없는 먹을거리이다. 따뜻한 국수는 아침으로도 늦은 야식으로도 아주 좋다. 가장 많이 먹는 국수로는 국물이 맑은 쌀국수인 꾸웨이띠여우 *Guay Tieu*, 진한 국물에 고기가 들어간 고기국수, 볶은 면인 팟타이, 간장에 볶은 팟씨유가 있다. 취향에 따라 면 종류를 선택할 수도 있다. 넓적한 면은 센야이 *Sen yai*, 보통 면은 센렉 *Sen lek*, 얇은 면은 센미 *Sen mi*, 달걀 반죽이 된 면은 바미 *Bami* 라고 주문하면 된다. 곱빼기처럼 넉넉한 양을 원하면 피셋 *Piset* 이라고 하면 된다. 고춧가루, 피시소스, 간장 등을 첨가하면 더욱 맛있다.

꼬치 돼지구이인 무양과 닭구이인 까이양을 추천한다. 숯불 향이 가득 밴 꼬치는 언제 먹어도 맛있다. 여기에 땅콩소스에 찍어 먹는 돼지고기 꼬치인 사테 *Satay* 도 빠질 수 없다. 꼬치와 가장 궁합이 좋은 길거리 음식은 쏨땀이라는 파파야 샐러드인데, 한국에서 치킨을 먹을 때 치킨무가 있다면, 꼬치구이에는 쏨땀이 맛있는 조합이다.

● 노점상

● 거리에서 파는 로티

● 카놈 크록

● 코코넛 아이스크림

로티_Roti_ 반죽을 피자처럼 늘려 그 안에 각종 토핑을 넣고 튀겨 만든 팬케이크다. 토핑 종류에는 바나나, 계란, 누텔라 초콜릿, 연유 등이 있다. 먹기 좋게 한입 크기로 잘라주는데, 따뜻할 때 먹으면 끝내준다.

카놈 크록_Khanom Krok_ 코코넛 빵이다. 한국의 풀빵처럼 생겼다. 타코야끼를 만드는 프라이팬에 코코넛밀크가 들어간 반죽을 넣어 구워내는데, 한입에 하나씩 먹기가 좋아서 길거리 음식으로 인기가 많다.

코코넛 아이스크림 디저트로 추천한다. 주로 야시장에서 파는데 빵 사이에 아이스크림을 넣어주거나 콘 위에 올려준다. 그 위에 땅콩 등의 토핑을 얹어 먹으면 그 맛이 일품이다.

함께 생각하고 토론하기

태국어로 응안*ngan*은 '일'과 '파티'라는 의미가 동시에 있습니다. 태국인들은 일을 일상의 파티처럼 해석하고 받아들이는 성향이 있습니다. 그들은 일터에서도 항상 재미와 여유를 찾기 위해 노력합니다.

● 일을 파티처럼 즐기는 방법에는 어떤 것이 있을까요? 방법 중 하나는 본인이 좋아하는 것을 업(業)으로 삼는 것입니다. 내가 좋아하는 것은 무엇인가요? 내가 좋아하는 것을 일에 적용하거나 내가 좋아하는 일을 하려면 어떠한 준비가 필요할까요?

태국의 광고에는 유머와 해학, 감동이 녹아있습니다. 태국의 광고는 국제 광고제에서 아시아 국가 중 항상 상위권을 차지합니다. 촘촘하게 잘 짜인 스토리라인을 바탕으로 제작한 기발한 광고가 많습니다.

● 태국 광고를 세계 최고 반열에 올려놓은 비결 중 하나는 자율성 보장입니다. 광고를 요청한 광고주의 간섭이 거의 없습니다. 자율성이란 자신이 행동의 주최자로서 자유의지를 갖고 행동하며, 그 결과에 스스로 책임을 지는 것을 말합니다. 일부 사람들은 자율성 있는 결정이 아닌 남이 대신 정해준 결과를 따르거나 책임을 미루기도 합니다. 현재의 나는 자율성이 충분히 있는 사람인가요? 자율성을 가지기 위해서는 어떤 점을 보완하면 좋을까요?

5부

여기를 가면
태국이 보인다

자연은 우리의 몸 밖에 있지만 마음은 우리의 안에 있습니다.

Nature is something outside our body, but the mind is within us.

– 짜끄리 왕조 라마 9세 국왕 푸미폰 아둔야뎃

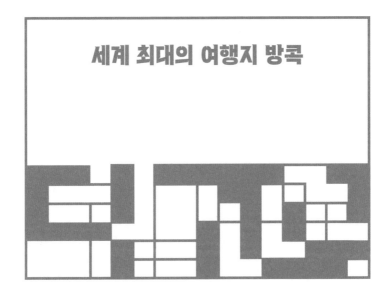

세계 최대의 여행지 방콕

  태국의 수도 방콕은 세계에서 가장 큰 도시 중 하나로 태국의 정치, 경제, 문화의 중심지이며 북부의 치앙마이, 동북부의 이싼 지방, 남부의 푸껫 등을 잇는 교통의 중심지이다. 동남아시아에서 가장 빠른 속도로 성장했다. 구체적인 도시 계획 없이 도로가 만들어져 교통 체증이 심하지만 지상철도인 방콕 스카이 트레인*BTS*, 짜오프라야강을 오가는 수상택시, 툭툭이라 불리는 오토바이택시까지 탈 것이 다양하다.

  방콕은 배낭여행자들의 성지이다. 동남아시아 여행의 시작점이라 불리는 카오산 로드*Khaosan Road*와 로컬 시장에서 다양한 길거리 음식을 저렴한 가격으로 맛볼 수 있다. 다른 한편에서는 대형 쇼핑몰과 최고급 호텔에서의 여행도 즐길 수 있다.

열대기후에 속해 일 년 내내 무덥긴 하지만, 건기가 시작되는 11월부터 태국 최대의 축제 송끄란 기간인 4월 중순 사이에는 여행하면 좋다.

가장 태국스러운 관광지, 방콕 왕궁과 새벽 사원

태국의 대표 관광지 방콕 왕궁*Grand Palace*은 시내 중심부에 위치하며 배낭여행자의 거리인 카오산 로드와도 가깝다. 방콕 왕궁은 1782년 라마 1세가 수도를 방콕으로 옮기면서 지었다. 국왕이 머물던 공식 관저와 제사를 모셨던 에메랄드 부처 사원인 왓 쁘라깨오*Wat Phra Kaew*로 크게 나뉜다. 불교문화를 중심으로 한 방콕 왕권 문화를 이해하는 데 좋은 곳이다.

왕궁과 에메랄드 사원을 둘러보려면 약 1시간 정도 걸리는데 한낮의 태국은 매우 뜨거우므로 아침 일찍 방문하는 것이 좋다. 반바지, 민소매티, 미니스커트, 타이트한 바지 등의 복장은 입장이 불가하다. 치마는 무릎이 보이지 않으면 괜찮다.

강을 두고 방콕 왕궁 반대편으로 새벽 사원이라고 불리는 왓 아룬*Wat Arun*이 있다. 태국 10밧 동전에 새겨질 만큼 태국을 대표하는 사원이다. 하얀 도자기 타일로 만들어진 새벽 사원은 이름과는 달리 해 질 녘 강에 비친 실루엣이 가장 아름답다. 강 위에서 보트를 타고 구경하는 것을 추천한다.

● 방콕 왕궁과 새벽 사원(우측 하단 장군상)

힙스터들이 모이는 분위기 맛집, 통로 거리

한국에 홍대거리가 있다면 태국에는 통로*Thong Lor* 거리가 있다. 방콕의 청담동이라 불릴 만큼 고급스러운 분위기가 풍기는 지역이다. BTS를 타고 통로 역에 내려 거미줄처럼 얽힌 골목 사이를 어슬렁 다니다 보면, 달콤한 디저트를 파는 카페와 트렌디한 숍들을 끊임없이 발견할 수 있다. 해 질 녘 방콕의 야경을 볼 수 있는 루프탑바도 많아 최근에는 방콕 여행에서 놓치지 말아야 할 명소가 되었다.

핫한 쇼핑몰의 끝, 아이콘 시암

태국 방콕의 한낮 기온은 30도가 넘으므로 낮에는 더위를 피할 수 있는 쇼핑몰 구경을 추천한다. 방콕에서 유명한 쇼핑몰 세 곳을 꼽자면 BTS 시암역 주변에 있는 시암 파라곤과 센트럴 월드, BTS 프롬퐁역에 있는 엠콰티어, BTS 차른 나콘역의 아이콘 시암을 들 수 있다. 이 중 2018년 새롭게 개장한 아이콘 시암은 동남아 최대 규모의 메가 쇼핑몰로 방콕의 짜오프라야 강가에 있어 셔틀 보트를 타면 무료로 짜오프라야강을 건너서 갈 수 있다. 동남아 최대 규모의 쇼핑몰답게 내부에 수상시장과 야시장의 콘셉트로 꾸며진 장소가 있다.

방콕에서 차로 1시간 정도 서남쪽으로 내려가다 보면 재래
수상 시장인 암파와*Amphawa* 시장이 나온다. 방콕에서 담넌 사
뚜억*Damnoen Saduak* 시장 다음으로 큰 수상 시장이지만 주말에
만 열린다. 매끌렁강*Mae klong river* 양쪽에 목조 수상가옥이 강
을 따라 서 있고 배 위에서 음식을 파는 상인, 과일을 파는 상
인의 모습으로 가득하다. 어두워지면 나무에 붙은 반딧불이 마
치 크리스마스트리에 조명을 켜둔 모습 같다. 방콕에서 오후
에 출발하여 시장 사이로 아슬아슬하게 기차가 지나가는 매끌
렁 기찻길 시장과 암파와 수상 시장을 함께 묶어 여행하는 것
을 추천한다.

● 암파와 수상 시장

태국 로컬 푸드의 집합장, 라차다 롯파이 야시장

　방콕에서 길거리 음식을 한곳에서 맛보려면 야시장이 적합하다. 가장 유명한 라차다 롯파이*Ratchada Rot Fai* 야시장은 버려진 기차 칸에서 중고 물품을 싼 가격으로 팔던 곳이 야시장으로 변모한 곳이다. 옷, 기념품, 액세서리는 물론 각종 먹거리를 즐길 수 있다. 매콤한 소스에 찍어 먹는 어묵꼬치, 달콤한 버터소스에 찍어 먹는 돼지고기 꼬치, 숯불 향 가득한 해산물 구이, 작은 수박을 통째로 갈아주는 수박 통 주스와 각종 열대 과일 주스, 그리고 이곳의 명물 뼈찜까지 모두 놓칠 수 없다.

●　방콕의 야시장

동물을 만질 수 있는 카오키어우 오픈 동물원

방콕 동쪽의 수완나품 공항에서 약 1시간 정도 차를 타고 동남쪽으로 가다 보면 카오키어우*Kaeo Kheow* 오픈 동물원이 나온다. 태국 왕실에서 생물자원 보존을 위해 만든 동물원인데 전 세계에서 드물게 오픈된 형태이다.

동물원 내부는 크게 초식 동물이 사는 그린존과 육식 동물이 사는 핑크존으로 나뉜다. 그린존은 자유롭게 돌아다니는 초식 동물과 함께 사진을 찍거나 먹이를 줄 수 있어 가족 단위의 방문자가 많다. 동물원은 매우 드넓다. 걸어 다니기보다 카트를 대여하여 구경하길 추천한다.

● 카오키어우 오픈 동물원

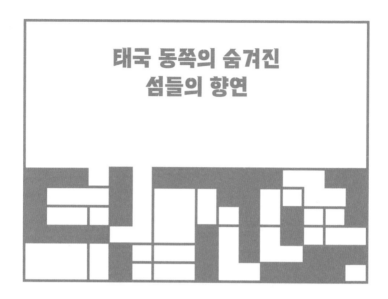

태국 동쪽의 숨겨진
섬들의 향연

태국은 깨끗하고 아름다운 섬이 많은 나라다. 가장 먼저 떠
오르는 섬은 태국 남부의 피피섬^{Koh phiphi}이지만 동부에도 개
발이 되진 않았어도 아름다운 섬들이 있다.

방콕에서 동남쪽으로 약 200km 거리에 있는 라용^{Rayong}에
가면 100km에 이르는 아름다운 해안선과 숲이 우거진 국립공
원, 그리고 꼬사멧^{Koh Samet}이라는 섬을 만날 수 있다. 여기서
동쪽으로 150km 이동하면 뜨랏주에 위치한 꼬창^{Koh Chang}과
꼬꿋^{Koh Kood}이라는 섬이 있다.•

태국 동쪽의 이 세 섬은 태국 남부에 위치한 피피섬과 사무

• 태국어로 꼬(Koh)는 섬을 뜻한다. 그래서 섬 이름 앞에 '꼬'가 붙어 있다.

이섬*Koh Samui*과는 다르게 우기에도 비가 많이 오지 않는다. 즉 7~8월 여름휴가 기간에 가기 좋은 곳이다. 11~4월까지의 건기 때는 북동무역풍의 영향으로 바다의 조류가 강해 가시거리가 좁다. 이 기간에는 스노클링 등의 해양 활동은 추천하지 않는다.

하얀 모래가 고와 보석 해변이라 불리는 꼬사멧

꼬사멧은 방콕에서 약 2시간 반이면 갈 수 있어 방콕 현지인들이 주말을 이용하여 많이 찾는 곳이지만 의외로 한국에는 잘 알려지지 않았다.

꼬사멧은 태국의 시인 순통푸가 쓴 대서사시 〈프라 아파이 마니*Phra Aphai Mani*〉의 배경이기도 하다. 태국 왕자와 섬에 사는 오거*Orge*(흉측하게 생긴 상상 속 도깨비)와 인어*Mermaid*가 펼치는 이 판타지는 젊은 태국 남녀들을 이곳으로 이끌고 있다. 섬 곳곳에 이야기 속의 캐릭터들이 동상으로 세워져 있다.

꼬사멧에 가려면 방콕에서 약 2시간을 동남쪽으로 차를 타고 이동하여 라용 지역의 반페*Ban Phe* 선착장에 도착한 후 배를 타고 20분 정도 가면 된다. 배편은 매시간 있어 오래 기다리진 않아도 된다. 선착장 주변에는 건어물 시장이 있다.

꼬사멧은 섬 전체가 국립공원으로 지정되어 있다. 아직 개발이 많이 되어 있지 않아 자연 그대로의 경치를 즐길 수 있다.

● 꼬사멧

섬의 크기가 남북으로 약 6km 정도라서 오토바이를 대여하거나 썽태우를 타고 한 바퀴 둘러보기도 쉽다. 섬에서 제일 유명한 해변은 새하얀 모래가 가득한 싸이깨우 해변*Sai Kaew Beach*이다. '보석 모래의 해변'이라는 뜻으로 고운 모래가 깔려 있어 맨발로 걷기에 좋다. 아침 일찍 일어나 보석 같은 모래가 가득한 해변을 거닐다가 낮이 되면 스노클링, 패러세일링, 제트스키 등 해양 스포츠를 경험하고 해변의 선베드에 누워서 쉬는 장면은 상상만 해도 즐겁다. 밤이 되면 현지인이 나무 끝에 불을 붙여 손으로 돌리는 화려한 불 쇼가 펼쳐진다. 태국 불 쇼의 원조가 여기였다는 이야기가 있을 만큼 퍼포먼스가 화려하다.

배에 차를 실어 갈 수 있는 코끼리섬, 꼬창

섬의 모양이 코끼리를 닮았다고 해서 '코끼리섬'이라는 뜻

● 꼬창

을 가진 꼬창은 태국에서 푸껫 다음으로 큰 섬이다. 꼬창에 가려면 방콕의 수완나품 공항에서 차량을 빌려 이동하기를 추천한다. 동남쪽으로 5시간 정도 가다 보면 뜨랏*Trat* 항구에 도착하는데, 여기서 배에 차를 실어 섬에 들어갈 수 있다. 태국의 다른 섬과 다르게 대여한 차를 그대로 섬 내부까지 가지고 갈 수 있어 섬 내부에서의 이동이 편하다. 배편은 20~30분 간격으로 있다.

꼬창 역시 섬 전체가 국립공원으로 지정되어 있다. 대부분이 산악 지형으로 이루어졌고 폭포와 바다를 동시에 만날 수 있는 천혜의 자연경관을 지녔다. 섬 내부는 열대우림으로 둘러싸여 있으며 해변은 조용한 편이다.

바다를 즐기려면 스쿠버다이빙 또는 꼬창 주변 섬을 이동하는 아일랜드 호핑투어(스노클링 투어)를 고려해 보길 바란다. 꼬창 주변에는 유명한 난파선이 있는 다이빙 포인트가 있으며 운이 좋으면 고래상어와 바라쿠다*Barracuda* 떼를 볼 수도 있다.

꼬창의 까이배 해변 근처에 있는 까이배 전망대는 높은 곳에 있어 주변 경관을 바라보기에 좋다. 이곳에는 우주선 모양의 빨간 우체통이 하나 있는데, 실제로 편지나 엽서를 보낼 수 있으므로 가까운 지인에게 보내어 좋은 추억을 남기도록 하자.

숨겨진 비경이 너무나 아름다운 낙원, 꼬꿋

태국 최동단에 위치한 숨겨진 낙원이다. 아름다운 곳에서 오롯이 사랑하는 사람과 지낼 수 있는 곳을 찾는다면 이곳이 제격이다. 꼬꿋 또한 아직 개발이 많이 되지 않아 자연 그 자체를 온전히 느끼기에 충분하다.

뜨랏 선착장 동쪽으로 약 50분 거리에 있는 램속 선착장에서 스피드 보트를 타고 약 1시간 이동하면 도착할 수 있다. 방콕에서는 차로 6시간 이동하고 배로 1시간가량 더 가야 한다.

꼬꿋에서는 숙소 선정이 중요하다. 숙소에서 지내면서 해양 액티비티를 하고 식사도 해결해야 하기 때문이다. 나무 위 8m 상공에서 식사할 수 있는 최고급 리조트부터 신선한 해산물 구이가 포함된 가성비 좋은 리조트까지 다양한 숙소가 있다. 숙소 대부분은 육지에서 섬까지 픽업 서비스가 포함되어 있다.

아직 개발되지 않은 아름다운 곳이라서 바닷속에 들어가면

● 꼬꿋

열대어가 가득하다. 해 질 녘 카약을 타고 바다 위를 누빌 수도 있고 바닷가를 여유롭게 거닐다가 코코넛 워터를 사 먹을 수도 있다. 아침부터 밤까지 시시각각 변하는 아름다운 바다를 보노라면 하루가 어떻게 지나가는지 모를 수 있다. 꼬꿋의 방문 시기는 건기인 11~4월 사이를 추천한다. 이후에는 현지인들의 방문이 드물어 배편이 적다.

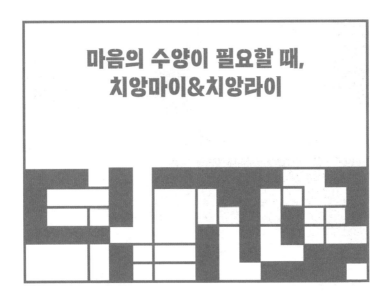

마음의 수양이 필요할 때,
치앙마이&치앙라이

태국 북부에는 치앙마이Chiang Mai, 치앙라이Chiang Rai, 치앙샌Chiang Saen 세 개의 도시가 있다. 과거 13~18세기 타이족이 세운 란나 왕국 시절에 도읍이었던 도시들이다. 란나 왕국은 캄보디아의 크메르 왕국과 버마에 막혀 도시를 여러 차례 옮기며 왕국을 유지했다. 참고로 치앙Chiang은 태국어로 '도시'를 뜻한다.

란나 왕국의 첫 번째 도읍은 치앙라이로 '멩라이왕의 도시'라는 데서 유래한 이름이다. 최북단에 위치한 치앙라이는 미얀마, 라오스와 맞닿아 대표적인 관문 역할을 해 왔다. 두 번째 도읍은 치앙마이이다. 마이는 '새롭다'는 의미로 치앙마이는 '새로운 도읍'이라는 의미에서 왔다. 현재 이 도시들은 예술과 차의 도시로 자리 잡았다. 과거 아편을 생산하던 양귀비밭을 없애고 커피와 차를 재배해 오고 있다.

사람들이 치앙마이에서 한 달간 사는 이유

'치앙마이 한 달 살기'가 유행이 된 지도 꽤 오래되었다. 치앙마이라는 이름도 언젠가부터 우리에게도 꽤 친숙하게 느껴진다. 그럼 대체 왜 사람들은 한 달이라는 긴 시간을 이곳에서 보내고 싶어 할까? 첫 번째는 분위기다. 치앙마이는 특유의 차분하고 고즈넉한 분위기가 가득하다. 하루하루 치열하게 살아가는 바쁜 도시의 현대인이 꿈꾸는 편안함과 아늑함이 있다. 물론 완전히 고요하다는 것은 아니다. 도시 중심부에는 오토바이, 툭툭, 썽태우 등이 시끄러운 굉음을 내기도 한다. 두 번째는 저렴한 물가이다. 우리 돈으로 1만 원 정도면 하루를 버틸 수 있을 만큼 물가가 싸다. 쾌적한 호스텔도 1만 5,000원 정도면 하루를 묵을 수 있다. 세 번째는 방콕과 마찬가지로 맛있고 다채로운 태국 요리를 즐길 수 있다. 서양인도 많이 오는 여행지라 태국 요리 외에 서구식 음식점도 쉽게 만날 수 있다.

또 다른 매력을 꼽자면, 예상과는 달리 인터넷 환경이 좋다는 점이다. 속세의 삶과 완전히 단절되어 시간을 보내고 싶은 사람도 있겠지만, 스마트폰을 쓰지 못하는 환경이 되면 답답함을 느낄 수 있다. 치앙마이에서는 그럴 걱정이 없다. 대부분의 카페가 와이파이를 제공한다. 공용 사무실인 코워킹 스페이스도 있어서 디지털 노마드에게 인기도 높다. IT 환경이 좋아진 데는 2001년 2월 태국 총리로 선출되었던 탁신이 영향이 있다. 그는 2006년 9월까지 재직하며 그의 출생지인 치앙마이 북부에 대한 투자를 확대했다. 탁신은 마침 통신사 CEO였다. 자연스레 통신 인프라 보급이 늘어났다. 덕분에 전 세계인의 발걸음이 끊이질 않고 있다.

치앙마이의 매력, 올드타운

도시 중앙에는 동서남북으로 성곽이 길게 이어져 있다. 성곽 한 바퀴의 둘레는 5km 정도로 이곳에 머무는 여행자들의 조깅 코스로도 인기가 높다. 이 성곽은 연못이 둘러싸고 있다. 중심부에 성을 지은 뒤에 외세의 침략을 막고자 물로 둘러싼 것이다. 성곽 안은 구시가지, 즉 올드타운이라고 하며 많은 사원과 유적지가 모여있다. 골목은 굽이굽이 미로처럼 이어져 있다. 골목 사이를 돌 때마다 숨은 불탑을 발견하는 재미가 있다. 올드타운은 먹거리와 볼거리로 가득하다. 야시장인 나이트 바자도 이곳에 있어 밤이 되면 사람들로 북적거린다. 올드타운의 대표적인 명소는 왓 체디 루앙*Wat Chedi Luang* 사원이다. 올

● 치앙마이 도이수텝 사원

● 치앙마이 도이수텝 올라가는 길에 앉아 있는 소수 민족 소녀들

● 치앙마이 도이수텝의 에메랄드 불상

드타운 내 대부분의 사원이 무료입장이지만 규모가 큰 이 사원은 입장료를 내야 한다. 안으로 들어가면 웅장한 느낌의 고목들이 있고, 휘황찬란한 사원의 모습을 볼 수 있다. 이곳의 정수는 상단에 불상이 놓인 거대 사리탑이다. 란나 왕국이 지배하던 14세기 말에 샌 무앙 마*Saen Muang Ma* 왕이 아버지의 무덤으로 최초로 건설한 후, 1481년에 틸로카랏*Tilokaraj* 왕에 의해 높이가 82m 수준까지 증축되었다. 하지만 1545년 큰 지진이 발생하며 상단이 붕괴해 현재 50m 내외 정도가 되었다.

치앙라이의 백색사원, 왓 롱 쿤

치앙마이에서 북동쪽으로 약 170km 정도 이동하면 치앙라이가 나온다. 이 도시의 명소 중 한 곳이 백색사원으로 불리는 왓 롱 쿤*Wat Rong Khun*으로 태국의 대표 건축물 중 하나이다. 규모에서는 차이가 있지만 인도 묘당인 타지마할과 같은 신비한 백색의 느낌을 머금고 있다. 이곳은 치앙라이 출신의 예술가인 찰름차이 코싯피팟*Chalermchai Kositpipat*이 설계했다. 태국의 백만장자인 환차이로부터 땅을 기증받아 1997년부터 약 11억 밧(약 400억 원)의 비용을 들여 새롭게 건축하고 있다. 안토니오 가우디가 설계해 1882년에 착공한 뒤 2026년 완공을 목표로 여전히 건설 중인 스페인 바르셀로나의 사그라다 파밀리아

Sagrada Familia 대성당과 유사하다. 왓 롱 쿤도 무려 2070년 완공을 목표로 가지고 있다.

왓 롱 쿤 사원의 정수는 바로 '윤회의 다리'이다. 둥글게 배치된 이 다리는 모든 것은 큰 순환의 연결고리에 있고 돌고 돌아 반복된다는 윤회사상을 담고 있다. 멋진 다리 주변에 연꽃으로 가득한 호수가 있을 것만 같지만 그렇지 않다. 다리 주변에는 살아남기 위해 아우성치는 형상의 손들로 가득하다. 다리 주변을 바라만 봐도 찢어질 듯한 비명이 들리는 듯하고, 조금만 헛딛었다가는 심연의 지옥으로 금방이라도 끌려갈 듯하다. 그리고 이 다리를 건너면 천국으로 향하는 본당에 다다르게 된다. 하얀 극락과 이와 대비되는 지옥을 표현하고 있다.

● 백색사원으로 불리는 왓롱쿤

아편대신 커피를, 도이창 마을

골든 트라이앵글은 한때 미국으로 유통되는 마약의 60%를 공급했을 만큼 아편 생산이 성행했던 곳이자 곡창지대였다. 이 지역은 미얀마, 태국, 라오스 3개국이 만나는 국경 지대이다. 메콩강 물줄기를 따라 국경이 나뉜다. 이 지역은 아편 생산에 최적의 기후 조건을 갖추었다. 여기에는 샨족의 독립운동을 지휘하다 마약왕이 된 쿤사 *Khun Sa*라는 인물이 있다. 그는 콜롬비아의 파블로 에스코바르, 멕시코의 호아킨 구스만 못지않은 마약왕이었다. 그는 10대부터 마약 거래에 뛰어들어 버마의 소수민족을 중심으로 기반을 넓혔다. 아편 거래를 통해 확보한 자금으로 영향력을 행사했다.

● 치앙라이의 골든 트라이앵글 지역

● 치앙라이 지역의 소수 민족

골든 트라이앵글 내에 태국 북부 지역의 대표 마약 산지 중 하나인 도이창 마을이 있었다. 이곳을 변화시킨 장본인은 태국 국왕이었던 라마 9세다. 국경지대에서 양귀비 재배를 통해 생계를 이어가던 농부들을 안타깝게 여긴 그는 방방곡곡을 돌아다니며 양귀비 재배를 멈추고 커피를 경작하도록 했다. 여러 고산족 중 하나인 아카족이 특유의 근면과 성실함으로 커피를 재배했다. 여기서 유래한 커피가 도이창*Doi Chaang* 커피이다.

도이창 마을은 치앙라이주에 위치한 작은 산골 마을이다. 해발고도는 1,200m이고 기후가 선선하며 토양이 비옥해 고품질의 원두를 생산한다. 도이퉁*Doi Tung* 커피, 와위*Wawee* 커피와 함께 태국의 3대 커피로 불린다. 도이창은 태국의 상징인 코끼

● 도이창 마을의 카페   ● 소수 민족 얼굴이 그려진 도이창 커피

리와도 연결되어 있다. 태국어로 도이*doi*는 '산'을, 창*chaang*은 '코끼리'를 뜻한다. 즉 '코끼리 산'을 의미한다. 도이창의 산지가 코끼리 형상을 한 데서 온 말이다. 코끼리에 애정이 많은 태국인의 눈에 더 그렇게 보였을 수도 있다.

　도이창 커피는 겉으로 보기에는 라떼처럼 보이는데, 많이 달지도 지나치게 쓰지도 않은 맛이다. 태국 커피는 로스팅이 많이 된 상태가 일반적이라 아메리카노보다는 라떼로, 또는 연유나 시럽을 넣어 달콤하게 먹는 경우가 많다. 신기한 점은 아카족은 공식적인 문자 언어가 없다는 것이다. 구두로 전통을 계승해 왔다. 진짜 도이창 커피는 현지에서나 맛볼 수 있다는 이 점이 인기를 더하게 했다.

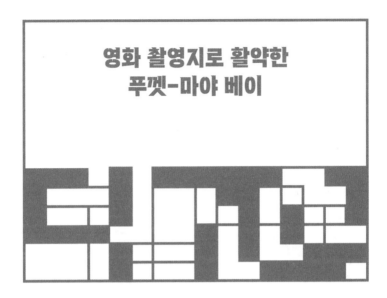

영화 촬영지로 활약한
푸껫-마야 베이

태국에서 가장 큰 섬인 푸껫*Koh Phukjet*은 태국 남부를 대표하는 관광지다. 태국 지도를 보면 태국 지형은 세로로 긴 형태이고 왼쪽과 오른쪽에 위치하는 섬으로 나뉜다. 즉 인도 스리랑카 쪽의 인도양을 마주하는 푸껫, 끄라비*Krabi* 지역(태국 지도의 왼쪽 부분)과 캄보디아, 베트남을 마주하는 타이만에 위치한 사무이섬*Koh Samui*(태국 지도의 오른쪽 부분)으로 나누어 볼 수 있다.

푸껫에서 50분 정도 배를 타고 동쪽으로 이동하면 여섯 개 섬으로 구성된 피피섬*Koh Phi Phi*을 만날 수 있다. 사람이 거주하는 꼬피피돈*Koh Phi Phi Ton*과 무인도인 꼬피피레*Koh Phi Phi Lay*가 유명하다.

국립공원으로 지정된 피피섬은 세계에서 손꼽히는 절경으로 쪽빛 바다에 새하얀 모래, 각종 열대어가 헤엄치는 투명한 바다로 알려져 있다. 주변 동굴에서 제비집을 채취하는 현지인의 모습도 볼 수 있다(피피섬은 주변에 동굴이 많아 제비들이 이곳에 집을 짓고 산다). 특히 마야 베이에서 바다 쪽을 바라보았을 때 이곳의 모습은 낙원을 절로 연상시킨다. 이곳의 바다 수온은 수영하기에 적당해서 오랫동안 물놀이를 해도 부담이 없다.

영화 〈비치*The Beach*〉(2000)가 개봉되자 많은 사람이 영화에 나온 이 섬을 찾기 시작했다. 태국 남부의 꼬피피레에는 하루 7,000여 명이 넘는 인원과 보트가 섬에 도착했고, 수많은 사람이 마야 베이에서 수영과 휴식을 취했다. 점심이 되면 엄청난 인파로 해변이 꽉 차 제대로 쉴 공간조차 없을 정도였다. 관광객 유입으로 섬에는 쓰레기가 쌓였고 섬 주변의 산호초는 망가졌으며 낙원의 모습은 점점 찾기 어려워졌다. 바닷속 산호 생태계가 심각하게 파괴되자 태국 정부는 2018년 7월 1일 세계적으로 손꼽히는 아름다운 섬을 보호하기 위해 꼬피피레를

● 사람들로 가득한 피피섬

잠정 폐쇄했다.

2022년 1월 1일 재개장되기까지 약 3년 반 동안 정부는 섬을 자연 상태 그대로 두고 망가진 산호를 복구하기 위해 3만여 개의 산호를 심었다. 사람이 오지 않는 동안 자연은 스스로 회복했고, 산호는 생명을 띄었으며, 블랙팁상어와 같은 어류도 마야 베이에 다시 오게 되었다. 엄청난 관광 수익을 내는 관광지에 '폐쇄'라는 단호한 결단을 내린 태국 정부는 재개장 이후에도 섬의 생태계 보전을 위해 지속적인 노력을 하고 있다.

첫째, 하루의 입장객 수를 제한하고 시간별로 최대 입장 인원을 관리하고 있다. 피피섬의 재개장 이후 섬의 입장 시간은 오전 7시부터 오후 18시까지이며, 인원 또한 시간당 375명으로 제한되었다. 둘째, 마야 베이에서의 수영도 금지되었다. 이제는 눈으로 피피섬을 바라볼 수밖에 없다. 셋째, 과거에는 마야 베이 해변으로 배들이 들어올 수 있었으나 이제는 섬의 반대편으로만 들어올 수 있다. 마야 베이 해변을 자연 그대로 두기 위해서다. 바다 수영을 하면서 즐기는 해변도 좋지만 아름다운 자연을 곁에 두고 보는 것도 너무나 멋진 삶의 방식일 수 있다.

제임스본드섬으로 더 알려진 타푸섬

푸껫에 온 여행자들이 꼭 하는 것이 주변 섬 투어이다. 여기서 항상 빠지지 않는 섬이 꼬 따푸 *Koh TaPu* 이다. 섬의 모양이

● 007 제임스본드섬으로 유명한 타푸섬

256

가늘고 긴 바위섬이라 못을 닮았다고 하여 못섬이라 불렸지만 007 영화 시리즈 〈황금 총을 가진 사나이〉의 배경이 된 후에는 제임스본드섬으로 더 알려졌다. 타푸섬은 카누를 타고 주변 카르스트 지형을 보고 즐기기에 알맞다.

쓰나미의 비극에서 다시 피어난 푸껫

2004년 인도네시아 북서쪽에서 일어난 진도 9 이상의 남아시아 대지진으로 태국, 인도네시아, 미얀마, 방글라데시, 스리랑카에서 약 30만 명 이상의 사망자가 발생했다. 20세기 이후 세계 역사상 두 번째로 컸던 대지진이다. 이 자연 재해로 큰 피해를 본 곳 중 하나가 태국의 푸껫이다. 지진이나 해일 경험이 없던 터라 조기 경보체계가 미흡하여 그 피해가 실로 어마어마했다.

지진해일 이후의 복구 사업은 수년이 걸렸다. 다행히 현재 푸껫은 조기경보 체계가 잘 작동되고 있고, 실제로 푸껫에 가면 지진해일 대피 관련 표지판과 추모비를 볼 수 있다. 학교에서도 지진해일에 관한 교육을 진행하고 있다.

아이러니하게도 바다는 커다란 비극 뒤에 더욱 깨끗해져 돌아왔고 살아남은 사람들은 다시 그 바다에 의지하면서 살아간다. 오늘날의 아름다운 푸껫의 모습은 지역주민들이 만들어낸 낙원의 모습이다.

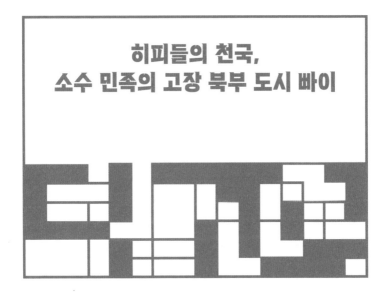

히피들의 천국, 소수 민족의 고장 북부 도시 빠이

미얀마 국경 근처에 위치한 빠이*Pai*는 느긋하고 편안한 느낌을 주는 시골 마을로 치앙마이에서 북서쪽으로 약 150km 떨어져 있다. 운치 있는 경치와 독특한 매력으로 가득한 이곳은 원래 일부 외국인 방문객의 입소문으로 알려진 곳이었다. 하지만 한국 영화 〈편지〉를 리메이크한 태국 영화 〈쯤마이락〉의 배경지로 소문나면서 꾸준히 방송 매체에 등장했고, 이후 야금야금 개발되더니 현재는 태국 북부의 인기 관광지 중 하나가 되었다. 전 세계 많은 배낭여행자가 빠이를 찾는다.

빠이는 오래전부터 여러 서구권 나라의 히피들이 찾던 마을이었다. LA, 샌프란시스코 등에서 태동한 히피는 기존의 사회 통념, 관습, 제도, 가치관에 대항해 인간성 회복과 자연으로의 회귀에 목소리를 내는 하나의 문화 풍조였다. 베트남전쟁이 한창이던 1960~1970년대 미국 내 히피들이 크게 늘었고 네덜란드 등에서도 반자본주의를 기치로 히피가 등장했다. 그들은 끊임없이 반전을 외쳤고 일탈을 추구했다. 그들의 특색을 나타내는 것 중 하나가 마리화나다. 태국 북부 지역은 예로부터 품질이 뛰어난 마리화나가 생산되던 지역이다. 빠이에도 마리화나를 찾아 몰려든 히피들이 많았다.

그럼 어떤 배경에서 태국 북부에 대규모 마리화나가 재배되었을까? 여기에는 마오쩌둥의 공산당과 장제스의 국민당이 맞붙은 국공내전이 관련되어 있다. 공산당과의 전투에서 진 국민당은 중국 남부의 윈난성 지역에서 버마 지역으로 피신해 다시 싸웠으나 결국 공산당에 패배했다. 당시 국민당의 거점인 현재의 대만으로 돌아간 이들도 있지만 많은 이가 버마, 태국 등지로 뿔뿔히 흩어져 공산당에 대항하기로 했고 그러자면 무기 구입을 위한 돈이 필요했다. 이에 양귀비를 재배하기에 이른 것이다.

하지만 1949년 공산당의 승리로 국공내전은 끝났고 마오쩌둥은 중화인민공화국을 선포했다. 상황이 이렇게 되자 국민당

● 빠이

을 지지했던 이들은 고향으로 돌아가지 못하고 태국 북부 지역에 남게 되었다. 당시 태국의 군사정부는 이들을 태국인으로 받아들였고, 그렇게 그들은 정부의 개입이 있기까지 북부 산악 지역에서 양귀비를 재배하며 살아갔다.

빠이까지 가는 길은 험난하다. 치앙마이에서 약 3시간 동안 굽이굽이 762개의 고갯길을 운전해서 가야 한다. 하지만 마을에 도착하면 넓게 뻗은 논과 딸기밭, 드높은 파란 하늘, 태국의 그랜드 캐니언이라 불리는 빠이 캐니언*Pai Canyon*등 멋진 광경을 볼 수 있다. 밤이 되면 야시장에서 아기자기한 수공예품과 길거리 음식을 맛볼 수도 있다. 다채로운 매력 덕에 세계 배낭여행자들은 빠이를 유토피아라 여겨 유토빠이*Utopai*라고 부른다.

함께 생각하고 토론하기

미국통계학회에 따르면 2023년 방콕은 전 세계 방문 1위 도시로 선정되었습니다. 방콕이 인기가 높은 비결로는 전통과 현대의 조화, 시원한 에어컨이 갖춰진 쇼핑 환경, 세계인의 입맛을 사로잡은 음식 등이 있습니다. 방콕은 여유 있는 휴식과 힐링의 여행지입니다.

● 2023년 방콕 방문자 수는 2,300만 명에 이릅니다. 우리나라도 방콕처럼 외국인의 방문율을 높이려면 국가와 지자체 차원에서 어떠한 점을 더 준비하고 보완해야 할까요?

●● 한국의 한 도시를 선정하여 온라인으로 디지털 홍보를 하게 된다면 어느 도시를 선정하고 싶고, 어떤 부분을 강조하여 홍보하고 싶나요?

●●● 우리에게 방콕 다음으로 잘 알려진 태국의 도시는 치앙마이입니다. 여유와 낭만이 가득하며 커피향이 가득한 '치앙마이에서 한 달 살기'가 오래전부터 인기가 높은데요. 여러분이 해외의 한 도시에서 한 달을 머물 수 있다면 어디에서 머물고 싶은가요? 그 이유는 무엇일까요?

참고 문헌

- **태국 종교 비율** 2022 Report on International Religious Freedom: Thailand,
- **블루 엘리펀트 레스토랑** https://blueelephant.com/about-us/
- **태국 지형** https://www.thailandembassy.org/administrative, https://www.nfm.go.kr/kids/user/content.do?pageId=PAGE_000000000000078, https://mis5.dopa.go.th/0305/dopa_directory/app/people/infomation.php, http://www.visitthailand.or.kr/thai/?c=AboutThailand/GeneralInformation&uid=4
- **태국 인구** https://worldpopulationreview.com/countries/cities/thailand
- **태국 언어** https://en.wikipedia.org/wiki/Thai_script, https://findyouthere.com/555-meaning-thailand/
- **태국의 교육, 교복(1인당 GDP, 교육수준)** https://www.theglobaleconomy.com/rankings/gdp_per_capita_current_dollars/South-East-Asia/, https://news.ebs.co.kr/ebsnews/allView/60119605/N
- **태국 BTS sky train** https://en.wikipedia.org/wiki/BTS_Skytrain
- **태국 산업** https://www.yna.co.kr/view/AKR20130104131600009, https://www.yna.co.kr/view/AKR20230324077800076, https://www.ajunews.com/view/20240116155410751, https://www.7andi.com/group/convenience_store.html, https://www.cpall.co.th/investor/news-publications/publication/annual-report, https://www.globalict.kr/country/country_list.do?menuCode=030100&knwldNo=143034#none
- **태국 산업 S-Curve** https://dream.kotra.or.kr/kotranews/cms/news/actionKotraBoardDetail.do?SITE_NO=3&MENU_ID=200&CONTENTS_NO=1&bbsGbn=403&bbsSn=403&pNttSn=192135
- **태국 스포츠 배구** http://www.thesportstimes.co.kr/news/articleView.html?idxno=299561
- **비차이 스리바다나프라바** https://www.ft.com/content/b27a990c-da3b-11e8-9f04-38d397e6661c
- **태국 문화-리사(꽃 학명)** https://www.nationthailand.com/thailand/general/40026620
- **카라바오(밴드)** : https://en.wikipedia.org/wiki/Carabao_(band)
- **트렌스젠더** https://en.wikipedia.org/wiki/Miss_Tiffany%27s_Universe
- **태국 광고** https://www.youtube.com/watch?v=Gjz19p5d0Yw, https://www.youtube.com/watch?v=mADDwx8FZAM, https://www.youtube.com/watch?v=ZDD5hDogJaM
- **일과 파티, 축제** 《큐리어스 시리즈 : 태국편》로버트 쿠퍼&난타파 쿠퍼 지음
- **태국 영화 역사** https://en.wikipedia.org/wiki/Cinema_of_Thailand
- **영화 〈피막〉의 매낙 프라카농의 전설** https://www.thailandfoundation.or.th/culture_heritage/mae-nak-phra-khanong-thailands-most-famous-ghost-love-story/
- **태국 과일** http://www.visitthailand.or.kr/thai/?m=bbs&uid=28
- **태국 짜오프라야 강** https://en.wikipedia.org/wiki/Chao_Phraya_River
- **태국 라용 지역** http://www.visitthailand.or.kr/thai/?r=home&m=info&cat=72&PHPSESSID=1a-434d0e605c161b20857b4dfcd86358
- **꼬사멧** https://en.wikipedia.org/wiki/Phra_Aphai_Mani
- **꼬창** https://en.wikipedia.org/wiki/Ko_Chang_district
- **꼬꿋** http://www.visitthailand.or.kr/thai/?m=info&cat=71&p=1&sort=gid&orderby=asc&recnum=21&brand=1&uid=98
- **태국 피피섬** https://www.bangkokpost.com/thailand/general/2621829, https://edition.cnn.com/travel/article/maya-bay-thailand-recovery-c2e-spc-intl/index.html, https://www.thaipbsworld.com/thailands-maya-bay-to-open-from-new-years-day-under-strict-conditions/
- **태국 푸껫섬** https://namu.wiki/w/2004%EB%85%84%20%EB%82%A8%EC%95%84%EC%8B%9C%EC%95%84%20%EB%8C%80%EC%A7%80%EC%A7%84

사진 출처

- **코끼리** https://www.changbeer.com/en/our-brand, https://blueelephant.com/
- **지리와 기후** https://www.thailand.go.th/page/land-area, http://www.visitthailand.or.kr/thai/?c=TravelInformation/Bangkok, https://www.nfm.go.kr/kids/user/content.do?pageId=PAGE_000000000000078
- **국기/국장/국가** https://www.thailand.go.th/page/flag
- **태국어** https://www.thailand.go.th/page/thai-language
- **가루다** https://en.wikipedia.org/wiki/Emblem_of_Thailand
- **노란 셔츠단** http://editorials.cambodia.org/2008/11/thailand-protesters-shut-down-bangkok.html
- **붉은셔츠단** https://www.zocalopublicsquare.org/2013/12/10/living-thailands-turmoil-from-los-angeles/ideas/nexus/
- **오렌지색 바람(피타 림짜른랏)** https://sahanjournal.com/news-partners/thailand-election-pita-limjaroenrat-pheu-thai-opposition-parties/
- **버니조약** https://teakdoor.com/the-teakdoor-lounge/197274-memory-lane-my-own-language-42.html
- **미소를 사랑하는 태국인** https://thailand.go.th/home, https://matadornetwork.com/read/how-learn-thai/
- **태국의 교육** https://www.sa.chula.ac.th/cu-uniform/
- **동양의 베네치아, 철도길** https://thailand.go.th/issue-focus-detail/001_01_097
- **레드불 그룹과 태국 왕실** https://www.bangkokbiznews.com/lifestyle/entertainment/1063191
- **아세안의 생산 허브** https://www.pttlng.com/Home/Business_Model, https://www.yna.co.kr/view/AKR20230324077800076, https://guide.michelin.com/jp/en/article/features/japanese-influence-bangkok-dining-scene
- **태국인이 사랑하는 스포츠** https://sg.news.yahoo.com/save-sepak-takraw-thai-plea-goldskeep-coming-145432943--spt.html?guccounter=1
- **태국의 복불복 군대** https://www.thephuketnews.com/military-conscription-draw-underway-in-phuket-83711.php, https://inf.news/en/world/6775116ab52394b5174fc95716e96af0.html
- **수코타이 왕조와 아유타야 왕국** https://thailand.go.th/issue-focus-detail/001_02_279
- **람캄행 대왕** https://en.wikipedia.org/wiki/Ram_Khamhaeng
- **나래쑤언왕 동상** https://www.tourismthailand.org/Attraction/the-king-naresuan-the-great-monument
- **왕실과 재벌, 빈부격차** https://www.bot.or.th/th/our-roles/banknotes
- **딱신대왕** https://superbloov.life/product_details/45521749.html, https://www.siambangkokmap.com/en/place/monument-of-king-taksin-the-great
- **짜끄리 왕조 1세에서 10세까지** https://www.soravij.com/10kings.html
- **(영화) 애나앤드킹** https://www.amazon.co.uk/Anna-King-Chow-Yun-Fat/dp/B00FYGZSRA
- **라마9세 젊은시절** https://www.thailandnews.co/2022/10/thailand-remembers-king-bhumibol-adulyadej-on-the-sixth-anniversary-of-his-passing/
- **라마 9세** https://www.elephantnaturepark.org/king-bhumibol-adulyadej-passed-away-13-october-2016/
- **피분송크람** https://www.atlasobscura.com/articles/who-invented-pad-thai
- **블랙핑크 리사의 성공과 태국 음악** https://thailand.go.th/issue-focus-detail/011_079, https://www.carabaogroup.com/news/items/?slug=1686221272772-carabao-is-proud-to-be-the-official-title-sponsorship-of-english-football-league-cup-or-carabao-cup-for-the-6th-year-making-

it-the-longest-sponsorship-in-the-history-of-this-trophy
- 동성애와 트렌스젠더 등 개방적인 태국　https://thailand.go.th/issue-focus-detail/001_02_051
- 태국 영화　https://www.imdb.com/title/tt2776344/?ref_=tt_mv_close
- 기발한 발상의 태국 광고　https://www.youtube.com/watch?v=Gjz19p5d0Yw, https://www.youtube.com/watch?v=mADDwx8FZAM, https://www.youtube.com/watch?v=ZDD5hDog-JaM
- 카라바오 밴드 https://music.youtube.com/channel/UCKYGWGTnpjV5HWUw6_woI5w,
- 라바눈 밴드　https://www.sanook.com/music/2372545/, https://www.bangkokpost.com/life/social-and-lifestyle/579815
- 알카사르 쇼　https://www.headout.com/cabarets/alcazar-cabaret-pattaya-e-11237/
- 농포이, 그의 남편　https://e.vnexpress.net/news/trend/thailands-most-beautiful-transgender-dazzles-in-gold-for-wedding-4576657.html
- 파이브스타치킨 광고　https://www.adweek.com/creativity/this-chicken-brands-ad-tries-to-please-everyone-the-results-are-fantastically-chaotic/
- (영화) 전생을 기억하는 분미삼촌　https://www.amazon.co.uk/Uncle-Boonmee-Recall-Past-Lives/dp/B004CMPQLK
- 세계 최대의 여행지 방콕　https://www.iconsiam.com/th/the_stories/iconsiam-wonders-the-iconic-attractions, https://www.tourismthailand.org/Attraction/khao-kheow-open-zoo
- 디카프리오의 영화 비치의 촬영지 푸껫 마야 베이　https://www.traveloka.com/th-th/explore/destination/15-places-to-go-krabi-phangnga/101513, https://www.imdb.com/title/tt1649419/mediaviewer/rm1867128065/?ref_=tt_ov_i
- 히피들의 천국, 소수 민족이 사는 북부 도시 빠이　https://thailand.go.th/issue-focus-detail/001_02_307

※ 출처가 기재되지 않은 사진은 저자가 촬영하거나 저작권자의 허락을 받은 사진입니다.